당신도 **경영자**가 될 수 있다

당신도 경영자가 될 수 있다

이장우 지음

한국능률협회

당신도 경영자가 될 수 있다

초판 1쇄 발행 / 2000년 5월 1일
5쇄 발행 / 2003년 3월 28일

지은이 / 이장우

펴낸이 / 이웅녕
펴낸곳 / 한국능률협회출판(주)
출판등록 / 1978년 5월 15일(제13-19호)

주소 / 서울 마포구 도화동 544 고려빌딩 3층
홈페이지 / www.kmabook.com
이메일 / mail@kmabook.com
전화 / (02) 719 - 1424
팩시밀리 / (02) 715 - 7807

값 8,000원

ISBN 89 - 7277 - 186 - 4 13330

글을 쓸 수 있는데도 쓰지 않는 것은 죄악이라는 유태 속담이 있다. 이 말에 자극받고 용기를 내지 않았더라면 나는 이 책을 낼 수 없었을지 모른다. 한 시대를 공유하는 이 세상 어딘가의 수많은 사람들과 나누었던 경험들, 성공과 실패, 그리고 아직 펼쳐 보이지 못한 나의 아이디어들을 책을 통해 함께 나누는 것은 활자 매체만이 갖는 매력일 것이다.

나의 망설임이 한국능률협회출판의 권유로 힘을 얻어 세상의 빛을 본 책이 바로 〈당신도 경영자가 될 수 있다〉이다. 물론 그 이후에 〈미래 경영 미래CEO〉와 〈마케팅 잘하는 사람 잘하는 회사〉가 나왔지만, 누구나 그렇듯 첫번째 책에 더 많은 미련과 애착이 가는 것은 어쩌면 당연한 일이라는 생각이 든다. 그런 까닭에 이 책이 중국의 출판사와 출판 계약을 맺고 번역되어 〈You can be a CEO!〉라는 제목으로 출간될 예정이라니, 작가로서 이보다 더 기쁜 일이 어디 있겠는가. 미국3M에서 국제 담당 매니저로 근무할 당시 중국의 10여 개 도시에 출장 다니면서 어설프나마 중국어로 손자병법과 마케팅 전략을 강의하던 그 시절이 단지 과거로 그치지 않고 이렇게 책과 함께 관계가 지속된다고 생각하니 그 의미가 남다르다. 물론 그 당시 고생도 많이 했지만, 보람된 일도 많았다. 나에게는 개인적으로 돈으로 사기 어려운 소중한 경험이었다. 사실 한국의 경영자가 쓴 책이 중국에서 자비 출판이 아닌 방법으로 출간되는 것은 매우 드문 경우라는 말을 전해 듣고 더욱 들떴던 것이 사실이다.

그래서 한국능률협회출판에 아주 색다른 제안을 해보았다. 나의 제안이 받아들여질지는 미지수였지만, Ask For It!(먼저 요구해 보라!)이라는 내 생활 신조를 실천해 보고 싶었다. 3년 전에 출판된 책의 디자인을 시대 감각을 살리는 2003년형으로 바꾸자는 제안이었다. 이 책이 중국에서도 출판되고 국제적인 관심을 일으키는 시점에서 한국에서도 무언가 새로운 변화가 필요한 것이 아니냐는, 어떻게 보면 억지에 가까운 나의 주장이 출판 전문가를 움직일 수 있었다. 정말 기대하기 어려운 주문이었지만 나의 억지 요구는 받아들여졌다.

사실 기업 경영과 경영대학원 강의, 신문 칼럼 집필 등 해야 할 일로 꽉 짜여진 일정 속에서도 이 책의 새 장정 출간에 발맞추어 나는 서문을 다시 쓰기로 마음먹었다. 이 책이 처음 출판된 후 나 자신도 개인적으로 많은 변화와 재충전의 시간을 가질 수 있었다. 대학원에서 MBA(경영학석사) 과정을 마쳤고, 경영학 박사 과정(Ph.D. Candidate)을 수료했다. 겸임 교수로 출강할 기회도 많았고, 여행도 더 많이 할 수 있었다. 책을 대할 기회도, 보다 넓은 시각으로 기업 경영을 생각할 기회도, 마음먹었던 공부를 할 수 있는 기회도 더 많아졌다. 이런 것들은 다양한 분야의 지식 습득과 함께 변화된 경영 환경을 새롭게 보는 데 큰 도움이 되었다.

모든 기업 분석가들이 진정한 세계 최고의 기업으로 평가하는 기업도 경쟁에서 무너질 수 있다는 사례들을 보는 것은 경영자의 한 사람으로서 커다란 충격이었다. 내 주관적인 판단으로는 세계 최고의 기업들도 교만의 굴레에 빠져 드는 것을 피하지는 못했던 것으로 생각된다. 이것은 개인도 마찬가지일 것이다. 새로운 것을 배우고, 새로운 생각으로 아이디어를 만들고, 늘 새로운 시도를 하지 않는다면 선두 자리를 내놓고 뒤지거나 도태될 수밖에 없을 것이다. 이 세상에 영원한 것은 없다. 선두가 될 수 있는 길은 바로 자신에게 달려 있다. 이 점에서 나는 우리 사회의 조로 현상을 지적하고 싶다. 뜨거운 문화적 열정과 속도, 외래문화에 대한 개방성은 긍정적인 측면으로 평가될 만하지만, 한편으로는 모든 것이 너무 빨리 끝나 버린다. 한마디로 쉽게 달아올랐다가 쉬 식어 버린다. 직장에서도 40세가 조금 지나 부장이 되면 더 이상

자기 개발과 발전에는 무관심하고, 업무는 직원들에게 떠넘긴 채 몇 마디 지시로 살아가는 중견 관리자들이 있다. 이들은 스스로 무덤을 파고 있는 것이다. 이 때문에 '사오정'과 '오륙도'라는 말이 생겨났을지도 모르겠다. '사오정'은 '사십오 세 정년'이고, '오륙도'는 '오십육 세까지 직장 생활을 하면 도둑'이라는 말이라는데, 기업의 인력 구조가 갖고 있는 문제점을 그대로 드러내는 말인 것 같아 씁쓸하다. 오히려 나이는 숫자에 불과하다는 모 회사 광고처럼 늙고 젊은 기준도 그 사람의 지적 호기심에 두어야 할 것 같다. 지적인 욕구와 호기심이 강한 나는 최근 디자인, 공연 예술, 문화 마케팅, 아이디어 등에 관심이 많다. 기회가 된다면 호기심 차원이 아니라 공연 예술 분야의 대학원에 진학해 좀더 체계적으로 깊이 있게 공부하고 싶은 것이 요즘의 바람이다.

우리는 세상을 살아가면서 배우면 배울수록 모르는 사실이 더 많다는 평범한 진리를 터득하게 된다. 그리고 세상에서 혼자 할 수 있는 일 역시 아무것도 없을지 모른다. 그래서 우리는 남과 더불어 살고 일한다. 이 책이 나오기까지 '뉴스위크 코리아'의 박성원 기자의 도움과 노력, 그리고 헌신이 없었다면 이 책의 출판은 불가능했을 것이다. 박 기자는 나의 오랜 친구이자 파트너인 동시에 항상 무언가 새로운 자극을 주는 고마운 분이다. 그리고 이메이션 코리아의 창업 때부터 7년 이상 비서이자 업무 동료로서 나를 도와주고 보필해 준 안순영 대리 역시 빼놓을 수 없다. 그리고 세상에서 가장 소중한 나의 딸 재니와 사랑하는 아내 진숙에게 감사의 마음을 전한다. 끝으로, 이 책이 다시 나오기까지 많은 관심과 성원을 보내 준 독자 여러분들께 진심으로 감사드린다.

2003년 봄에

이 정 우

3장 형에게 배우지 말고 아우에게 배워라   미래경영

4장 위대한 성공은 커다란 실패를 부른다   성공경영

7장 나의 인생, 나의 삶

샐러리맨 세상을 위하여

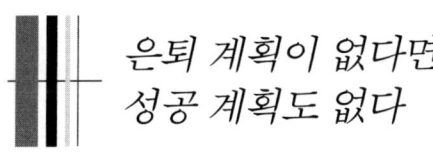

은퇴 계획이 없다면
성공 계획도 없다

은퇴 계획이 있는 사람들은
막연히 열심히 사는 사람들보다
계획성 있는 인생을 설계한다.
돌아가야 할 곳이 있는 사람은 행복하다는 얘기는
이를 두고 한 말인지도 모른다.

샐러리맨을 위해 글을 쓴다고 하면서 처음부터 은퇴 얘기를 해서 쑥스럽지만, 개인적으로는 신이 난다. 은퇴는 제2의 인생이 시작되는 첫날이기 때문이다. 그래서 아예 공개적으로 나의 은퇴 계획을 밝히고 홀가분하게 내 얘기를 풀어 나갈까 한다.

나는 어느 때부터인지 은퇴 날짜를 기다려 왔다. 아마 미국 생활 중에 이 같은 생각이 구체화되었을 것이다. 미국에서는 한창 성공 가도를 달리고 있는 중역들이 공공연하게 자신의 은퇴 계획을 밝히곤 한다. 내가 일하고 있는 이메이션(Imation)의 경우도 비슷하다. 이메이션의 국제 담당 사장인 데이브 웽크(Dave Wenck)는 나와 만날 때면 종종 자신의 은퇴 계획에 대해 털어놓는다. 평소에 가고 싶었던 곳을 은퇴 뒤에 가야 할 고향이라고 정했다거나, 그래서 플로리다 잭슨빌에 가서 새로운 인생을 시작하겠다는 등의 얘기를 공공연히 나에게 한다.

처음 데이브 웽크 사장으로부터 이런 은퇴 계획을 들었을 때, 나는 적잖이 놀랐다. 기업간의 치열한 전쟁판에서 어떻게 사업을 해나가느냐에 대한 얘기만 해도 벅찰텐데 벌써부터 은퇴 얘기나 하고 있는 그를 이해할 수 없었기 때문이었다. 아마 한국 기업에서 이런 얘기를 하면 그것이 진실이건 헛소문이건 간에 난리가 날 것이다. 사내 알력 다툼에서 밀렸느니, 음해성 루머니 하면서 갖가지 추측에 휩싸일지도 모른다. 이런 이유 때문인지 나는 아직 대기업 오너나 사장들이 자신의 은퇴 계획에 대해 말하는 것을 듣지 못했다.

그러나 미국인들은 은퇴에 대한 얘기를 공개석상에서 자유롭게 털어놓는다. 이들에게 회사생활은 'Life'에 불과하지만 은퇴 뒤의 삶은 'Better Life'이기 때문이다. 그들은 은퇴를 축복이요, 신나는 파티요, 또 다른 삶의 시작이라고 생각하는 듯하다.

나는 은퇴 계획을 밝히는 사람치고 열심히 일하지 않는 사람을 보지 못했다. 행복한 은퇴 계획을 꿈꾸다 보면 지금의 시간들이 너무도 중요해지고 의미가 생긴다. 은퇴 계획이 있는 사람들은 막연히 열심히 사는 사람들보다 계획성 있는 인생을 설계한다. 돌아가야 할 곳이 있는 사람은 행복하다는 얘기는 이를 두고 한 말인지도 모른다.

은퇴를 미리 정해 놓으면 좋은 것이 또 하나 있다. 쓸데없는 욕심을 버릴 수 있다는 점. 욕심은 자신을 욕되게 할 수 있다. 한국에서 제일 낙후된 곳이 국회이고, 변하지 않는 조직이 정치인 집단인 이유는 이들에게 은퇴란 없기 때문이라고 생각한다. 대통령까지 지낸 분이 아직도 욕심을 버리지 못해 안달복달하는 것을 보노라면 슬퍼지기까지 한다. 왜 다른 삶을 살기를 두려워할까. 왜 또 다른 신나는 삶을 꿈꾸지 못하는가.

우리 한번 멋있는 은퇴를 계획해 보자. 그러면 지금의 삶이 더 신나고 의미있을 것이다. 나는 50세에 은퇴하는 것이 꿈이다. 내 은퇴 계획은 이렇다.

첫째, 은퇴하면 나는 강연에 충실하고 싶고 글을 계속 쓰고 싶다. 경영, 비즈니스, 삶, 성공에 대해 쓰고 싶다. 성공학 전도사로 나서서 전문 강연인이 되고 싶고, 국내 최초로 시간당 1천만 원을 받는 강연자가 될 것이다. 돈이 문제가 아니라 지식과 지혜에 대한 가치를 이만큼 높이고 싶은 것이다.

경영도 문화다. 왜 우리가 비싼 돈 주고 미국으로 경영학 공부를 하러 가는가. 그곳은 한 번 강연에 1억 원을 받는 강사가 있기 때문이다. 지식의 가치를 알아 주는 문화는 질 높은 경영자와 지식 창조자를 키워 낸다. 나는 이런 문화를 일궈 보고 싶다.

이런 점에서, 기회가 되면 국내 사이버 공간에 MBA(경영학 석사) 중심 대학을 세우는 것도 나의 꿈 중 하나다. 올바른 경영철학을 가진 경영인, 세금 많이 내는 기업인, 회사원을 우대하는 경영인, 올바른 부(富)의 분배와 사회의 선순환을 이해하고 그것을 위해 노력하는 경영인 양성에 힘쓰고 싶다.

둘째, 마음대로 여행을 하고 싶다. 짧은 여행은 생각을 바꾸고 긴 여행은 습관을 바꾼다는 말이 있다. 그런 점에서 나는 긴 여행을 택할 것이다. 50여 년을 살면서 굳혀진 나의 습관을 바꾸고 재창조되는 나를 보고 싶다. 상상해 보라. 전혀 다른 내가 된다는 건 얼마나 짜릿한 일인가. 유럽에서 6개월, 아프리카에서 1년, 남미에서 또 1년……. 생각만 해도 가슴이 설렌다.

　은퇴 계획이 없는 샐러리맨은 성공 계획이 없는 사람이다. 자신의 가치를 모르는 사람일수록 아무런 계획 없이 막연하게 살 가능성이 높다. 은퇴는 샐러리맨 삶의 끝을 의미하지는 않는다. 지금의 삶을 더 의미있게 만들고 활기차게 만들 수 있다. 삶은 한 번뿐이다. 얼마나 보람있게 사느냐가 중요한 것이 아닌가. 은퇴 계획을 짜면서 우린 은퇴(retirement)의 의미가 아니라 새출발(re-start)의 계획을 짜야 할 것이다.

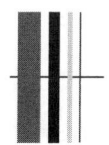# 선택과 포기를 명확하게 하라

전략을 세우고
그에 따르는 포기를 명확히 할 때만이
조직이든 개인이든 성공할 수 있다.
무엇을 할 것인가를 결정하는 것보다
무엇을 포기할 것인가를 결정하는 것이
훨씬 어려운 법이다.

은퇴는 샐러리맨 생활에 또 다른 선택이자 포기를 뜻한다. 어차피 선택이란 포기를 동반하는 것이지만 거꾸로, 포기할 수 있는 용기가 없다면 내 인생을 선택할 수 있는 용기도 없다. 자신 있게 포기할 수 있는 사람만이 성공한다는 역설인 셈이다.

나는 끊임없이 포기한다. 예를 들면 주식투자 같은 것이 그렇다. 도저히 내 능력으로는 수많은 증권 전문가들을 당해 낼 수 없기 때문에 직접적인 주식투자는 포기했다. 내 능력을 집중할 수 없는 분야이기 때문이다.

주식투자는 일종의 합법적인 머니 게임이다. 수많은 전문가들이 눈만 뜨면 주식시장에 뛰어들어 기발한 투자기법과 갖가지 정보를 수집해 치열한 게임을 펼치고 있는 곳이 주식시장이다. 나같이 직장에 다니는 샐러리맨이 매일 주식시장에서 눈에 불을 켜고 승부하는 수많은 펀드매니저나 전문 투자가들을 이기기란 쉽지 않다. 아니, 불가능하다는 표현이 오히려 정직하다.

이런 이유로 나는 직접 주식투자를 하지 않는다. 만일 증권 투자를 통해 금융소득을 얻기를 원한다면 그 분야의 전문가에게 맡기면 된다. 요즘에는 뮤추얼펀드 같은 간접투자 상품도 많이 개발되어 있다. 물론 수익 보장이 확실한 것은 아니지만, 적어도 나 같은 비전문가가 직접 주식에 투자하는 것보다는 훨씬 낫다. 주식투자 분야의 아웃소싱(Outsourcing)인 셈이다.

이것이 바로 선택과 포기의 명확한 결정이다. 내가 할 수 있는 것은 집중하고, 자신 없는 분야는 과감히 포기해야 하는 것이다. 자신 있는 분야에 집중하는 것이 가장 생산적인 전략이다.

나는 주식투자 같은 재(財)테크에는 젬병이지만 지(知)테크는 자신 있다. 나는 내 경험과 새로운 지식, 그리고 경영 정보를 바탕으로 국내 최고의 대우를 받으며 기업체에서 강연도 하고 책도 쓰고 있다.

특히 젊은 샐러리맨일수록 모든 분야에 달통할 수 있다는 생각을 하기 쉽다. 그러나 모든 분야에서 1등을 하겠다는 생각은 무모하다. 전략이란 선택이자 포기다. 무조건 문어발식으로 전부 해보려고 덤비는 자세는 효율적인 전략을 수립하는 데 방해가 된다. 어차피 모든 분야에서 1등을 하기란 어렵다. 특정 분야에서 가장 자신 있는 곳에 핵심 역량과 자원을 투입해야 1위에 올라설 수 있는 것이다.

지금까지 한국 기업들은 전략의 기본 개념인 선택과 집중의 방식보다는 남이 뛰는 방향으로 열심히 달리기만 했었다. 포기할 줄을 몰랐다. 그러나 전략적 의사 결정과 방향 수립은 열심히 일하는 것과는 직접적인 관계가 없다.

어느 경영학자는 초우량 기업의 성공요인을 분석한 결과, 전략 그 자체보다는 기업의 모든 직원들이 전략적 사고를 갖고 일하는 것이 성공에 있어 더욱 중요한 요소라는 결론을 내렸다. 풍부하고 다양한 전략적 사고가 최고의 전략을 수립하는 근원이 된다. 경쟁력 있는 전략 수립은 전략적 사고에서 출발한다. 자신의 전략을 세우고 그에 따르는 포기를 명확히 할 때만이 조직이든 개인이든 성공할 수 있다. 무엇을 할 것인가를 결정하는 것보다 무엇을 포기할 것인가를 결정하는 것이 훨씬 어려운 법이다.

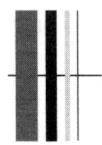 역시 한우물을 파야 하는군요

내 능력을 더욱 펼쳐 보일 수 있는
기업을 찾아 전직하는 것도 중요하지만,
내가 몸담고 있는 기업에 남을 수 있는 능력도 중요하다.
언제나 생각의 중심은 자신에게 두어야 한다.

어쩌다 보니 나는 3M이라는 외국기업에 입사한 이래 줄곧 한 직장, 한 분야에서 일해 오고 있다. 내가 일하고 있는 이메이션도 4년 전 3M에서 분사한 기업이기 때문에 전혀 다른 회사라고 할 수는 없다. 더구나 이메이션의 역점 분야인 데이터 저장 사업과 디스켓 사업부문은 내가 3M에서 줄곧 다루었던 분야였기 때문에 근 18년 동안 나는 외곬 샐러리맨 생활을 했던 셈이다.

그러나 내가 전직하지 않았다고 해서 전직 능력이 없었던 것은 아니었다. 나는 스스로를 변화시키려고 노력했고, 회사 내에서 비전을 찾기에 골몰했다. 이 회사를 선택하고 다른 회사에 가는 것을 포기한 것뿐이지, 여기에 얽매였다든가 갈 데가 없어 18년 간을 있었던 것은 아니다.

얼마 전 내가 가끔 가는 비즈니스 클럽에서 3M의 옛 동료를 오랜만에 만났다. 아나운서로도 유명한 정미홍 씨였다. 정미홍 씨는 나보다 3M에 먼저 입사한 선배였지만 동료처럼 편하게 지낸 사이였다. 그러나 거의 10여 년 동안 볼 수 없었던 우리는 만나자마자 서로의 안부부터 물었다. 내가 3M에서 분사된 이메이션 코리아의 사장으로 있다고 하니, 그는 대뜸 나에게 "역시 한우물을 파야 하는군요."라며 놀라워했다. 내가 3M에 있을 때 어려움에 처했던 디스켓 사업을 두고 힘들어했던 모습들을 봐 왔던 그인지라 어떻게 한 분야에만 전념할 수 있었느냐는 놀라움의 뜻으로 한 말이었던 것 같다.

사실 나도 이런저런 스카우트 제의를 많이 받았다. 18년 간의 샐러리맨 생활에서 족히 30번은 전직할 기회가 있었다. 과장 때는 이사로 오라는 솔깃한 제의도 받아 봤고, 거래처에서는 상무로 와 달라는 유혹도 있었다. 이메이션 코리아 사장이 된 뒤에는 이런 제의들이 더 많아졌다. 내가 현재 근무하고 있는 곳이 외국 회사이다 보니 다국적 기업들의 영입 제의가 대부분이었다. 향수로 유명한 화장품 회사인 샤넬, 나비스코라는 과자 제조업체, 의류회사, C&W 통신, 한국 코닥, 심지어는 아이스크림 회사에서도 스카우트 제의가 들어왔다.

내가 이런 매력적인 제의를 받아들이지 않았던 이유는 간단했다. 나와 궁합이 맞지 않는다는 판단 때문이었다. 나는 줄곧 컴퓨터 디스켓과 저장 기술에 대한 실력을 쌓아 왔기 때문에 이것과 방향을 달리하는 기업에서는 나의 강점을 제대로 살릴 수 없다는 판단 때문이었다. 국내 기업에서도 여러번 스카우트 제의가 있었지만 이곳은 실력보다는 연줄이나 연공서열 등 예측할 수 없는 변수가 많았고, 오너 회장이나 사장의 간섭이 심하다는 점 때문에 거절하기도 했다.

그렇다고 무슨 일이 있어도 이메이션 코리아라는 회사를 떠날수 없는 어떤 특별한 이유가 있는 것은 아니다. 언제라도 내가 원하면 사표를 쓰고 다른 기업으로 전직할 수 있다. 뒤집어 말하면, 이는 곧 내가 이 기업에 남을 수 있는 능력이 있다는 뜻이다. 회사에서도 내 능력을 인정해 주고 있고, 그에 따른 성과급도 빠짐없이주고 있다. 내 능력을 더욱 펼쳐 보일 수 있는 기업을 찾아 전직하는 것도 중요하지만, 내가 몸담고 있는 기업에 남을 수 있는 능력도 중요하다. 언제나 생각의 중심은 자신에게 두어야 한다.

이런 단어가 영어사전에 있는지는 잘 모르겠지만, 요즘 신조어중에 임플로이어빌러티(Employability)란 말이 있다. Employ에 Ability를 합성한 신조어이다. 뜻은 '고용될 수 있는 능력' 쯤으로번역한다. "나는 임플로이어빌러티가 있다."라고 말한다면 이는 "나는 전직할 수 있는 능력은 있지만 여기에 있겠다."는 뜻이 된다. 내가 이 회사에 있는 것은 능력이 없는 탓으로 직장을 옮길 수없어서가 아니라는 자신감의 표현이다.

우린 흔히 직장 상사가 상무나 이사 정도 되면 "에이그, 저 양반은 어디 갈 데가 없으니까 여기 있는 거지."라고 생각하곤 한다. 자신의 시장가치(Market Value)에 대해 심각하게 고려해 본 적이 없는 우리는 윗사람에게 흔히 이런 극단적인 평가를 내리곤 한다.

그러나 임플로이어빌러티가 있는 사람은 한 분야에 정통하면서도 지혜가 있는 사람을 말한다. 과거의 샐러리맨들은 제네럴리스트(generalist)로 상당 기간 여러 부서에서 일한 뒤에 스페셜리스트(specialist)가 되는 과정을 거치는 것이 정석이었다. 그러나 지금은 정반대다. 한 분야에 정통하면서도 다른 분야를 골고루 아는 사람이 되어야 한다. 처음 직장 생활부터 자신에게 맞는 분야를 선택하고, 그쪽으로 끊임없이 자신의 능력을 계발하고 키워 나간 뒤에 경영학도 배우고 조직관리도 배우는 일반화의 과정을 밟아야 하는 세상이다. 영국의 어떤 경영학자의 주장대로 general specialist가 되어야 한다.

요즘 샐러리맨들에게 전직의 바람이 마치 폭풍처럼 거세게 불어닥치고 있지만, 정작 전직의 성공 여부는 어디에 있든 나에게 임플로이어빌러티가 있느냐의 여부에 달려 있다. 이젠 '외곬'이라는 표현은 임플로이어빌러티가 있음에도 한 분야에서 전문가가 되는 사람을 일컫는 긍정적인 표현으로 바뀌어야 한다고 생각한다. 그래서일까. 나는 요즘처럼 외곬이라는 말이 기분 좋게 들린 일이 없었다.

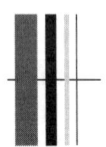# 샐러리맨만의 다섯 가지 혜택

샐러리맨들이여, 자신이 갖고 있는
천혜의 자원을 축복으로 여기고
멋있는 샐러리맨이 되도록 노력해 보자.

샐러리맨에 대한 인식 중 가장 잘못된 것이 오너는 진검승부를 하고 샐러리맨은 목검승부를 한다는 사회적 통념이다. 기업의 오너는 자기 회사니까 무엇이든 최선을 다하려는 마음가짐이 있지만, 월급쟁이들은 자기 회사가 아니기 때문에 슬슬 눈치나 보고 놀기 좋아하고 적당히 일하고 월급이나 타는 부류라는 것이다.

정말 그럴까. 나는 지금 사장의 위치에 있지만 보통 샐러리맨과 크게 다르지 않다. 위치가 사장이라는 것만 제외한다면 나는 이 회사의 대주주나 오너와는 아무 상관이 없다. 나는 지금도 샐러리맨 사장이지만, 앞으로도 샐러리맨 사장만 할 것이다. 절대 창업은 하지 않을 작정이다. 왜? 샐러리맨 위치가 훨씬 장점이 많기 때문이다. 내가 샐러리맨의 지위를 선용하면 오너보다 훨씬 잘 살고, 마음 편하게 일할 수 있다. 정말이다.

자, 지금부터 왜 그럴 수 있는지 말해 보겠다. 우선 샐러리맨은 가정생활에 충실할 수 있다. 이게 얼마나 큰 장점인지는 결혼을 해 보면 안다. 집안이 불편하면 될 일도 안 된다. 옛부터 가정이 편안해야 바깥일이 편안하다는 조상들의 충고도 있지 않은가.

오너의 가정생활은 샐러리맨들보다는 편하지 못한 것 같다. 휴가 한번 제대로 갈 수 없는 게 오너의 생활이다. 누가 회사를 들어먹지는 않을지, 무슨 사고나 나지 않을지 노심초사할 수밖에 없다. 자신의 소유이기 때문이다.

그러나 샐러리맨들은 다르다. 자기 일만 훌륭히 완수하면 그 다음엔 만고 땡이다. 또, 돈이 많지 않기 때문에 오너처럼 집안 단속을 할 필요도 없다. 너무 작위적인가. 그렇지 않다. 나는 그저 왜 우리가 이런 평범하지만 귀한 행복을 잊고 사는지 답답할 뿐이다. 나는 사장이지만 샐러리맨이기 때문에 가정에 충실할 수 있다. 만약 오너였다면 그렇지 못했을 것이다.

둘째, 자신을 관리해 줄 수 있는 사람이 있어서 좋다. 말하자면 매니저가 있는 가수인 셈이다. 아무리 인기 있는 가수나 영화배우라도 스케줄을 관리하고 언론플레이를 해주고 사람간의 관계를 원활하게 해줄 매니저를 꼭 둔다. 샐러리맨들은 위에 상사가 있고 후배도 있다. 내 판단이 틀렸을 경우엔 지적해 주는 동료가 있고 선후배가 있는 것이다.

물론 종종 상사나 동료가 내 앞길을 가로막는 경우가 생기기도 하지만 어느 사회, 어느 집단이라도 이런 부류의 인간이 전혀 없을 수는 없다. 중요한 것은, 어떻게 이들을 설득시키고 내 프로젝트를 진행시킬 수 있느냐 하는 것이다.

반면, 오너는 어떨까. 매니저가 없는 경우가 더 많다. 오너 경영자의 매니저는 사외이사나 감사가 되겠지만, 이들의 말을 귀담아 듣는 오너는 그리 많지 않아 보인다. 이들의 충고와 조언에 귀기울이는 오너 경영자가 거래소 시장에서 좋은 대접을 받는 것을 보면 매니저의 중요성을 가늠할 수 있다.

예를 들면, 삼성과 현대의 주가 차이에 대한 분석 중에는 오너가 직접 경영에 관여하느냐 그렇지 않느냐의 차이라는 분석도 있다. 한쪽의 경우엔 전문경영인 체제가 확립되어 가고 있는 반면, 다른 쪽은 아직도 회사가 오너의 영향력에서 벗어나지 못하고 있다. 두 그룹의 주가 차이에 대한 그럴 듯한 설명으로 생각한다. 사실이 그렇다. 내 회사인데 누가 감히 나에게 충고를 하려 드는가 하는 오만함은 오너를 곧장 실패의 나락으로 몰아세우는 것임을 오너 자신은 깨닫지 못한다.

셋째, 샐러리맨만이 가질 수 있는 또 다른 혜택으로 꼽고 싶은 것은 샐러리맨들이 오너보다 더 솔직해질 수 있다는 점이다. 샐러리맨은 자신의 실수에 대해 솔직히 시인하면 그뿐이다. 시말서를 쓰거나 심한 경우 징계를 당할 수도 있지만, 자신에게 솔직하면 할수록 본인에게는 장점으로 되돌아오는 경우가 대부분이다.

그러나 오너는 솔직하기 힘들다. 잘못을 인정하면 리더십에 상처를 입는다는 생각 때문이다. 자신을 절대적인 존재로 생각하는 오너도 있다. 직원들은 다 아는데도 오직 본인만이 잘못을 뉘우치지 않는다. 심지어는 똑같은 잘못을 반복하는 어리석음을 행하기도 한다.

특히 예전에 크게 성공한 경험이 있는 오너의 경우엔 더욱 자신의 실수를 솔직하게 인정하려 들지 않으며, 결국에는 자신이 파 놓은 함정에 빠져 파산의 길로 들어선다.

넷째, 샐러리맨은 주위에서 소외당하지 않는다. 휴가도 마음대로 갈 수 있고 자기 생활을 즐길 수 있다. 돈 있는 집에 다리 뻗고 잘 수 없다는 이치와 같다.

마지막으로, 샐러리맨들은 공짜로 교육받을 기회가 많다. 삼성생명 같은 회사는 사장, 부사장은 물론 임직원들이 빈번이 교육을 받으면서 자신의 선입견이나 생각의 틀을 바꿔 나가고 있다. 직원들 교육 투자에 인색한 기업들은 앞으로 더 살아남기 힘들 것이다.

이 정도면 샐러리맨이 얼마나 많은 장점을 지니고 있는지 다시 생각해 볼 일이지 않는가. 우리 샐러리맨들이여, 자신이 갖고 있는 천혜의 자원을 축복으로 여기고 멋있는 샐러리맨이 되도록 노력해 보자. 샐러리맨 만세! I love 샐러리맨!

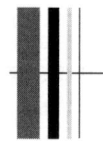 나는 매일 아침 신나는 콘서트에 간다

상사가 까다롭다는 이유로
이들을 멀리하지는 말자.
우선 내가 나 자신을 만족시키고
있는지부터 자문해 볼 일이다.
자신을 고귀하게 생각하지 않으면
절대 남을 만족시킬 수 없다.

성공적인 샐러리맨 생활이 되려면 어떻게 해야 할까. 샐러리맨만이 갖고 있는 장점을 이용해 자신이 만족할 만한 직장생활이 되게 하려면 어떤 점에 주력해야 할까.

내 경우에 비춰서 얘기하면, 우선 직장생활이 즐거워야 한다. 과장되게 얘기하자면 매일 콘서트장에 가는 기분으로 직장에 갈 수 있어야 한다. 최근에 나는 외동딸인 재니(16세)와 함께 조성모 콘서트에 갔다. 난생 처음 가수 콘서트에 간 셈이어서 나는 내심 어떻게 해야 할지 고민이 됐다. 딸, 아들같이 어린 세대와 잘 어울릴 수 있을까. 나도 이들처럼 고함치고 박수칠 수 있을까. 재니는 신나서 들떠 있는데, 나는 꼭 죽으러 가는 심정이었다.

사실 내가 딸과 함께 콘서트에 간 이유는 딸의 정서를 이해하기 위해서였다. 딸이 어떤 스타를 좋아하는지, 좋아할 때 표정은 어떤

지 알지 못하면 점점 딸과 멀어질 것 같은 불안감 때문에 큰마음 먹고 따라나섰던 것이다. 내가 딸을 이해하면 딸도 나를 이해할 수 있을 것이었다.

그러나 막상 그렇게 두려웠던 콘서트에 가 보니 나도 어느덧 10 대가 된 듯 소리지르고 몸을 흔들 수 있었다. 굉장히 재미있었다. 왜 이렇게 즐거운 콘서트에 그 동안 단 한 번도 오지 않았는지 후회가 될 정도였다.

신나게 놀고 있는 나 자신을 지켜보면서 직장생활이 마치 콘서트에 가는 기분이라면 얼마나 좋을까 하는 상상을 해봤다. 그러면 매일 아침마다 신나게 일터로 갈텐데…….

불가능할 것 같지만 방법은 있다. 직장생활을 직접적으로 콘서트에 가는 것에 비유한 적은 없지만, 나는 지금까지 그런 기분으로 살았다고 생각한다.

나는 일이란 콘서트처럼 하나의 퍼포먼스(performance)가 되어야 한다고 믿는다. 매일 늘어지는 '일'이 아니라 처음과 끝이 분명히 있는 '퍼포먼스' 말이다. 내가 하는 일에 대해 열광하는 관객, 소비자, 동료직원이 있는 퍼포먼스. 관리부는 영업부가 고객이고, 영업부는 현장에서 만나는 사람들이 고객이고, 총무부는 회사 동료들이 고객이다. 그리고 이들보다 더욱 중요한 고객은 바로 우리 자신이다.

어쩌면 우린 지금까지 고객들에게 좋은 소리를 듣지 못했거나, 혹은 귀를 막고 살아왔다. 실제로 내 업무의 고객인 상사, 동료들의 평판을 재미있게 듣거나 그들을 열광시키기란 말처럼 쉽지 않다.

그러나 고객보다 까다로운 상사는 없다. 상사가 아무리 까다로워도 현장에서, 시장에서 만나는 고객보다는 덜 까다롭다. 내 경험상 그렇다. 회사에서 상사 한 명을 부드럽게 마사지하지 못한다면 이 세상에서 할 수 있는 일이란 없다. 상사가 까다롭다는 이유로 이들을 멀리하지는 말자. 우선 내가 나 자신을 만족시키고 있는지부터 자문해 볼 일이다. 자신을 고귀하게 생각하지 않으면 절대 남을 만족시킬 수 없다.

무엇보다 콘서트 홀로 출근하는 기분을 갖기 위해선 일을 프로젝트화하는 습관을 가져야 한다. 흔히 "나는 오늘 죽었다"로 시작하는 것이 우리 샐러리맨들의 일상이다. 또 하루가 시작되고, 할 일은 많은데 재미는 없고, 상사는 들들 볶고, 가족들은 돈 달라고 쨍쨍대고……. 이렇게 살다 보니 한탕주의로 무리한 주식투자를 하거나 돈만 생기면 경마장에 간다. 혹은 매일 흥건한 술판을 벌여놓고 고통을 잊으려고만 한다.

왜 이렇게 살아야 할까. 오늘에 의미 부여를 하고 좀더 신나게 살 수는 없을까. 007시리즈 같은 첩보 영화를 보면 항상 작전이 있고 작전에 붙는 코드명이 있다. 민완한 첩보원들은 자신에게 주어진 작전 코드명을 머리에 새기고 죽을힘을 다해서 이 작전을 완수한다. 이들의 삶은 프로젝트를 추진하고 끝내는 것이 전부다. 프로젝트가 끝나면 미인들의 육탄 세례(?)를 받을 수 있고, 상사로부터는 엄청난 보너스를 받는다. 007은 이 보너스를 받아 미인과 훌훌 여행을 떠난다. 대부분 첩보영화의 줄거리는 이렇다.

우리도 007처럼 살 수는 없을까. 우리 일을 프로젝트화시키고 코드명을 달고 데드라인을 정하면 되지 않을까 싶다.

자신이 맡은 프로젝트에 의미를 부여하는 것도 중요한 일이다.

예를 들면, 이것을 완수하면 내 이력서에 또 다른 자랑거리를 기입할 수 있다든지, 고객들에게 어떤 영향을 줄 것이라든지……이런 식으로 나와 이 일과의 관계에 새로운 의미를 부여하면 일하기도 쉽다. 작전명에 코드를 붙여 주는 이유는 이 작전에 투입된 직원들이 동질감을 갖고 같은 컨셉을 유지하도록 하기 위해서다.

우리 이메이션은 비정기적으로 즉시 퍼포먼스를 인정하고 직원들에게 상금을 준다. 직원들이 수행하는 프로젝트의 데드라인이 다르기 때문에 상금 수여식도 다르다. 그래서 고안해 낸 것이 스팟 리워드(Spot Reward)다. 상금 액수가 많지는 않지만 나는 직원들이 해낸 일들에 대해 가치를 평가해 주고 싶다. 이렇게 되면 직원들은 "오늘은 내가 재미있게 할 일이 있는 날이다"라고 생각하기 시작한다. 얼마나 멋진 생각인가, 우리가 모두 유능한 007이라고 생각한다면.

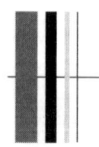 김우중 회장에겐 매니저가 없었다

전문 경영체제를 이루는 핵심은
견제와 균형(Check and Balance)이다.
최고경영자의 독선과 시대에 뒤떨어진 사고를
바로잡아 줄 이사회(Board of directors)가
활발히 움직여야 하는 것이다.

김 우중 대우그룹 회장, 하면 나는 20세기 한국 경제사의 영웅이었다고 평가한다. 나보다 연륜도 깊고 훨씬 많은 기업체를 이끌어 온 김 회장을 평가할 수 있는 자격이 내게 있는지는 모르겠지만, 나는 그분을 무에서 유를 창조한 대단한 분이라고 생각한다.

불과 몇 년 전까지만 해도 우리는 대우그룹이 재계 1위가 될 것이란 얘기를 많이 들어 왔다. 김 회장이 주창했던 세계경영은 미래 경영의 모델을 제시하는 획기적인 것이었고, 그의 탁월한 협상능력과 폭넓은 인맥은 재계 지도자로서 손색이 없었다.

나는 개인적으로 김 회장과 얘기를 나눈 적은 없지만, 그가 하는 강연은 몇 번 들은 일이 있다. 아마 2년 전쯤일 거다. 힐튼호텔에서 영국의 파이낸셜 타임즈(Financial Times) 주최로 강연회가 있

었는데, 김 회장이 연사로 나섰다. 당시는 막 IMF가 시작되는 시점이었고, 기업들은 앞을 다투어 구조조정이다 워크아웃이다 하면서 긴박하게 이리저리 뛰어다녔던 때였다. 자연히 청중들은 경영의 대가인 김 회장의 한마디 한마디에 귀를 쫑긋 세우고 있었다. 대우는 지난 역사 속에서 수차례의 경영 위기에도 불구하고 기적처럼 살아난 기업이었고, 따라서 어려울 때일수록 대우의 경험은 재계에 도움이 될 것이었다.

강연이 끝나자 김 회장에게 대우의 자금위기에 대해 질문한 사람이 있었다. 질문의 요지는 이랬다.

"세계가 변했다. 국내 경제 상황도 변했다. 대우의 차입경영이 이 상황을 버텨 낼 수 있을 것 같은가?"

이 신랄한 질문에 김 회장은 "무슨 소리냐. 당신이 경영하면 더 잘할 것 같은가. 대우는 문제없다"며 상당히 흥분해서 대답을 한 것으로 기억한다. 예전과는 다른 모습이어서 나도 당황스러웠지만, 김 회장이 왜 그토록 화를 내야 했을까 하는 궁금증이 일었다.

김 회장은 세상이 변했다는 사실을 인식하지 못한 것은 아닐까 하는 생각이 든다. 물론 결과만 보고 이 같은 판단을 하는 것은 아니다. 샐러리맨의 우상이라고까지 일컬음 받던 김 회장의 몰락을 어떻게 설명해야 하는가라는 질문에 내 나름대로 결론을 내린 것이다.

기업의 매출액이 떨어지는 것보다 기업가의 사고의 질이 떨어지는 것이 훨씬 위험하다는 얘기가 있다. 특히 거대한 성공을 거둔 경영자일수록 실패의 나락으로 떨어지기 더 쉽다는 사실을 김 회장은 몰랐을까. 자신이 성공에 집착하면 할수록 패배의 덫을 알아

차리지 못하는 경우는 허다하다.

나는 김 회장이 오너이기 때문에 성공도 했고, 오너이기 때문에 실패도 했다고 본다. 김 회장이 만약 샐러리맨 정신을 갖고 살았다면 실패의 위험을 피할 수도 있었다고 생각한다. 김 회장에게는 쓴소리를 할 수 있는 매니저가 없었던 것이다. 보스가 없었다는 얘기다. 김 회장을 견제할 만한 사람이 없었다면 스스로 견제했어야 했다. 자신이 매니저가 되고 무서운 상사가 되어야 했다. 만약 그가 자신을 과감하게 허물 수 있었다면 그처럼 몰락의 길을 가지는 않았을 것이다.

대우에 제2의 김우중이 없었다는 자조 섞인 푸념은 대우 직원들만의 생각은 아니다. 나도 그렇게 생각한다. 왜 대우는, 또 김 회장은 제2, 제3의 김우중을 키워내는 데 인색했을까. 단지 김 회장을 신화의 존재로만 박제시키는 것이 대우를 위해 좋았을 것이란 생각을 한 것은 아니었을까.

샐러리맨이 경영을 한다고 전문경영인이 되는 것은 아니다. 전문 경영체제를 이루는 핵심은 견제와 균형(Check and Balance)이다. 최고경영자의 독선과 시대에 뒤떨어진 사고를 바로잡아 줄 이사회(Board of directors)가 활발히 움직여야 하는 것이다. 민주주의가 역사 속에서 살아남은 이유도 바로 견제와 균형이라는 가치가 인정되었기 때문이 아니었던가.

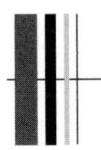

샐러리맨을 혐오하는 기업가들

샐러리맨 생활에서 승리한 경험이 없는 사람은
사업에 실패하기 쉽고, 성공한다 해도 일시적이다.
그 밑에서 일하는 직원들이 자신의 삶을 위해 투자하고
꿈꿀 수 있는 여건을 마련해 주지 못하기 때문이다.

내 주위의 많은 기업가들을 만나 보면 흔히 "샐러리맨 생활에 염증을 느껴 창업을 했다."라는 얘기를 듣는다. 이 경영자는 샐러리맨을 자신의 꿈을 이룰 수 없는 부류나 혹은 아무리 열심히 해도 얻는 것이 없는 머슴쯤으로 생각하는 것 같다.

오너가 아니면 어떤 일도 이룰 수 없다고 생각하는 오너 밑에서 일하는 샐러리맨이라면 그의 앞길은 이미 절망적일 것이다. 샐러리맨 생활을 혐오할 정도의 오너 밑에서 일하는 사람들은 오죽 답답할까 하는 걱정이 앞선다. 뻔하지 않은가. 이런 오너들이 얼마나 샐러리맨들을 우습게 여길지. 나는 이런 상황에 처해 있는 샐러리맨에게는 차라리 지금 당장 사표를 쓰라고 말하고 싶다.

이런 오너들에게서 발견할 수 있는 공통점은 열등의식이다. 본인이 샐러리맨 시절에 승리한 경험이 없거나, 상사로부터 잘했다는 칭찬을 들어 보지 못한 사람이더란 얘기다. 샐러리맨에 대한 열등의식은 곧 폭력적인 형태로 표출된다. 괜히 고함을 지르거나, 말도 안 되는 논리로 부하 직원들의 기를 꺾으려 든다. 이 모든 일이 본인이 부하 직원들보다 잘 모르기 때문에 벌어진다. 이들은 샐러리맨 시절 열정을 갖고 일에 매달리지 않았기 때문에 전문분야에 대한 지식이 없고, 문제가 생겼을 때 풀어 나가는 힘이 약하다.

이런 경우 돈이 있어 창업은 했지만 십중팔구 몰락하기 십상이다. 샐러리맨 생활에서 승리한 경험이 없는 사람은 사업에 실패하기 쉽고, 성공한다 해도 일시적이다. 그 밑에서 일하는 직원들이 자신의 삶을 위해 투자하고 꿈꿀 수 있는 여건을 마련해 주지 못하기 때문이다. 오너가 샐러리맨으로서 꿈을 실천해 본 적이 없기 때문에 자연히 직원들에게 비전을 제시할 턱이 없다. 비전 없는 곳에 성공은 없다.

샐러리맨 생활 없이 일찍 창업전선에 뛰어든 기업가에게는 또 다른 약점이 있다. 이들은 승부욕이 대단히 강하다. 창업 초기 곤혹스러운 일도 많이 겪어 보았고, 모욕도 당해 보았을 것이다. 이 때문에 더욱 오기가 발동해 마치 물면 놓지 않는 사냥개처럼 끈질기게 사업에 전념해 성공의 단 열매를 땄을 것이다. 이들은 집념이 강하고 소신이 뚜렷하다. 영업의 귀재라는 소리를 들을 정도로 관련 업체 사장들에게 평판도 좋다.

그러나 샐러리맨 생활 없이 바로 창업에 성공한 기업가의 약점은 직원들을 상대로는 영업을 하지 않는다는 점이다. 이들은 거래처 사장들에게는 인간적인 매력으로 신뢰를 얻을지언정 직원들에게는 인간적인 모습을 보이지 못한다. 힘들게 사업을 꾸려 왔던 기억 때문에 직원들로부터 일종의 보상을 받고 싶어한다. 그래서 직원들에겐 인간적인 접근을 등한시하는 경우가 많다. 그러므로 외부의 평판은 좋을지 몰라도 내부 평판은 나쁘기 일쑤다. 이 모두가 샐러리맨 생활을 몰라서 그렇다. 선배와 후배가 있어 끌어 주고 비판해 주는 생활을 해보지 못했기 때문에 직장생활의 묘미를 알지 못하는 것이다.

샐러리맨이 신바람나게 일할 수 있는 직장이어야 그 회사는 발전할 수 있다. 직원들에게 격려와 용기를 주지는 못할망정 최소한 기를 죽이는 상사는 되지 말아야 할 것이다. 그럼 샐러리맨의 기를 죽여 결국에는 회사의 발전에도 지장을 주는 상사에는 어떤 유형들이 있을까.

첫번째, 지나치게 존대말을 쓰는 상사. 이들은 사람과 항상 거리감을 두려는 부류다. 가까이하기엔 너무 힘든 상사들이다.

두 번째는 술은 잘 사면서 책은 사 주지 않는 상사. 후배 직원이 정작 뭐가 필요한지 생각하지 않는 상사들의 대표적인 유형이다. 물론 술을 마시면서 여러 가지 인생 경험을 얘기해 주기도 하겠지만, 직장 푸념으로 이어지기가 십상이다. 푸념은 과거다. 후배들에게 미래를 보여 줄 수 있는 상사가 필요하다.

세 번째, 휴가 간다고 인상 쓰는 상사. 휴식의 가치를 모르는 상사는 십중팔구 기획력과는 거리가 먼 사람일 것이다. 쉬지 않으면 마모되기 쉽고, 과부하가 걸려 망가진다. 샐러리맨들은 특히 머리를 많이 쓰기 때문에 휴식을 갖지 않으면 뇌에 손상이 간다.

네 번째, 마누라 챙긴다고 비꼬는 상사. 가정의 중요성을 모르는 상사와는 사귀지 않는 것이 좋다.

다섯 번째, 왜 하필 바쁜데 교육을 가느냐고 짜증을 내는 상사. 미래에 투자할 줄 모르는 짧은 안목을 갖고 있는 사람이 이런 반응을 보인다.

여섯 번째, 지각할 때면 문 앞에서 지켜보는 상사. 눈감아 줄 때도 있는 아량 있는 상사가 좋다. 훨씬 인간적으로 느껴진다.

일곱 번째, 말 끝을 자주 흐리는 상사. 나중에 문제가 생기면 빠져나가려고 하는 사람들의 전형이다.

여덟 번째, 디지털을 이해하지 못하는 상사. 최신 정보기기를 다루지 못하는 선배라면 피곤할 것이다.

아홉 번째, 남이 안건만 내면 튀어나와 흠잡는 상사. 자신은 아이디어 하나 제시하지 못하면서 남의 아이디어라면 무조건 단점을 끄집어 내는 상사는 퇴출되어야 마땅하다.

열 번째, 남에게 밤낮 청탁만 받는 상사. 자신의 일을 후배들에게 전가시킬 가능성이 다분하다.

이 땅의 기업 오너들이여, 만일 샐러리맨 생활을 경험하지 못했다면 지금이라도 직원들에게 배워라. 어떤 것이 직장생활의 낭만이고 보람인지를. 직원들 때문에 당신들의 오늘이 있다는 사실을 결코 잊지 말아야 할 것이다.

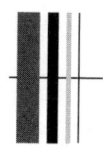

옥치국과 조태식이라는 샐러리맨

옥 지사장의 명함은 굉장히 특이했다.
자신의 경력, 현위치, 학력, 취미는 물론
과거 했던 일과 현재 하는 일까지 상세히 적혀 있었다.
그리곤 명함 왼쪽 위에는 '자랑스런 한국 국민이 되고 싶다.
자랑스런 영남지역 시민이 되고 싶다' 는
다소 유머스런 문구도 적혀 있었다.

옥치국 씨는 삼성전자 영남지방 지사장이다. 연 매출액이 7천억 원에 달하는, 웬만한 대기업 뺨치는 규모의 지사를 운영하고 있는 사람이다. 경북대학교 전자공학과를 나와 삼성전자에 입사한 이래 꾸준히 한 분야에서 자신의 실력을 쌓아 온 전형적인, 그러나 내가 좋아하는 샐러리맨이다.

옥 지사장과 내가 인연을 맺은 계기는 옥 지사상이 내 강연을 듣고 난 뒤 마련됐다. 지난 해 삼성전자 임직원들을 대상으로 강연을 했는데, 청중이었던 옥 지사장은 고맙게도 내 강연을 귀기울여 들어 주었던 것 같다.

옥 지사장은 영남지사로 내려간 후 전화를 걸어 나에게 그곳에서도 강연을 해줄 수 없느냐고 부탁을 했다. 그러나 나는 시간이 없음을 핑계로 거절했다. 그럼에도 옥 지사장은 뜻을 굽히지 않고 요청을 거듭했고, 나를 사로잡는 목소리로 꼭 한번 이곳 직원들에게도 강연을 해달라고 말했다.

결국 나는 옥 지사장의 설득에 넘어가 영남지역으로 내려갔다. 강연을 시작하기 전 옥 지사장은 나에게 자신의 명함을 주면서 인사를 했다. 그런데 옥 지사장의 명함을 본 순간 나는 깜짝 놀랐다. 지금까지 많은 명함을 받아 보았지만, 옥 지사장의 명함은 굉장히 특이했다. 자신의 경력, 현위치, 학력, 취미는 물론 과거 했던 일과 현재 하는 일까지 상세히 적혀 있었다. 그리곤 명함 왼쪽 위에는 '자랑스런 한국 국민이 되고 싶다. 자랑스런 영남지역 시민이 되고 싶다' 는 다소 유머스런 문구도 적혀 있었다.

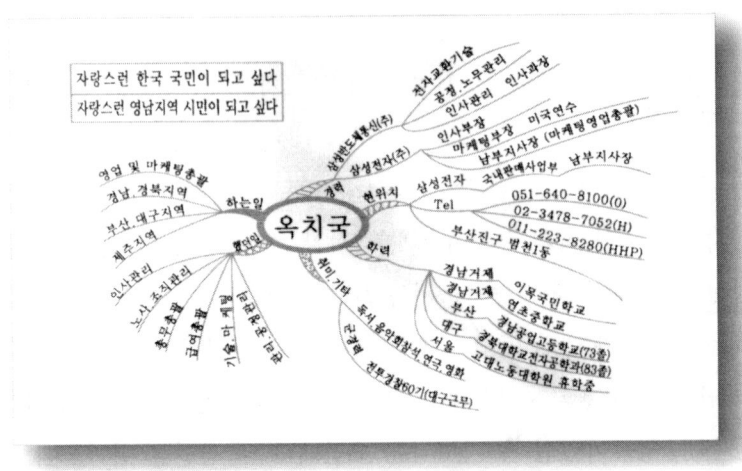

〈옥치국 씨의 명함(111% 확대)〉

놀란 것은 이뿐만이 아니었다. 자신이 항상 지니고 다니는 조그마한 수첩에는 최근에 본 영화와 연극 평이 깨알같이 적혀 있었다.

이렇듯 옥 지사장은 자신의 경력을 세밀하고 섬세하게 관리하고 있었던 것이다. 강연을 하러 갔던 나는 옥 지사장의 명함과 수첩을 보고는 오히려 내가 한 수 배웠다고 인사했다. 정말 영업의 달인 같은 풍모였다. 자신의 이름을 브랜드화하고 마케팅으로 연결시키는 이런 재치들이 사실 나는 너무 부러웠다. 삼성전자 세일즈맨의 정신을 다시 볼 수 있었다.

옥 지사장은 그 뒤 나를 한번 더 즐겁게 해주었다. 지난 해가 저물고 2000년 새날이 밝아 첫 출근하는 날, 옥 지사장은 어떻게 내 출근을 알았는지 부산 사무실에서 전화를 걸어 왔다. 안녕하시냐는 내 인사에 옥 지사장은 "사장님, 저도 오늘 첫 출근했습니다. 사무실에 앉아 누구에게 먼저 인사를 할까 생각하다가 사장님께 첫 인사를 하기로 했죠."라고 말하는 것이 아닌가. 정말 그런 것인지는 둘째치고라도 얼마나 기분 좋은 인사인지, 절로 감탄이 나왔다. 옥 지사장은 이런 사람이다. 내가 인정하는 몇 명의 진정한 샐러리맨의 범주에 드는 분이다.

조태식 과장이라는 분 역시 내가 인정하는 샐러리맨이다. 조 과장도 삼성전자 출신이다. 조 과장은 내 강연을 들은 사람 중 유일하게 나에게 삼성전자 제품을 팔았던 사람이었다. 강연자에게까지 세일즈를 하는 사람이니 평소에 얼마나 영업에 열성인지 짐작할 수 있다.

조 과장은 나에게 이렇게 접근했다. 강연이 끝난 뒤 그는 나에게 다가와 "사장님, 강연 잘 들었습니다. 명함 하나만 주십시오." 하고는 며칠 뒤 내게 전화를 걸었다. 강연을 들은 직원이 며칠 뒤 나를 기억하고 전화하는 예도 드물었지만, 한술 더 떠 내게 자사 제품을 팔려고 하는 직원은 조 과장이 처음이었다. "사장님, 곧 특소세도 내린다고 하니 이번 기회에 김치 냉장고 하나 구입하십시오." 라는 것이었다. 나는 슬쩍 조 과장과 신경전을 벌여 보기로 했다. "전화는 고마운데, 사실 그 제품은 제게 필요 없습니다."라며 그의 부탁을 거절하자 그는 이번엔 "형님, 그럼 한번 놀러 가겠습니다. 점심 한 끼 사 주십시오." 하고 넉살 좋게 말하는 것이 아닌가. 그리곤 정말 우리 회사에 와서 같이 점심을 먹기도 했다. 나는 거듭 조 과장에게 구매할 의사가 없음을 밝혔다.

며칠이나 지났을까. 조 과장은 이번엔 짐짓 흥분된 목소리로 나에게 다시 전화를 걸어 왔다. "사장님, 오늘 신문 보니까 삼성전자에서 이메이션 코리아의 슈퍼디스크를 왕창 구입했던데요. 축하드려요." 나는 이 전화를 받고는 조 과장에게 이렇게 말했다. "가격, 조건, 아무것도 묻지 않을 테니 우리 집에 김치 냉장고 한 대 갖다 주세요"라고. 내가 그렇게 거절 의사를 밝혔음에도 조 과장은 포기하지 않았다. 자신이 하고 있는 일이 즐겁지 않으면 할 수 없는 일이었음을 나는 잘 알고 있다. 나도 샐러리맨이기 때문이다. 옥 지사장과 조 과장에게 박수를 쳐 드리고 싶다.

조 과장은 얼마 뒤에 소프트웨어 전문 벤처기업인 (주)인터정보의 영업총괄 이사가 됐다며 '좋은 생각' 이라는 잡지를 동봉해 나에게 보냈다. 조 이사는 아마 새로운 회사에서도 성공할 것이다. 나를 감동시키는 멋있는 샐러리맨들을 만나면 항상 가슴이 떨린다. 이런 샐러리맨들을 만날 수 있다는 사실이 나를 설레게 하고 또 인생을 기쁘게 살 수 있도록 해준다.

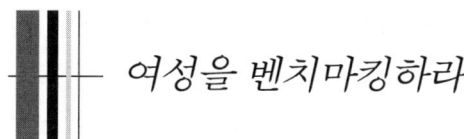

여성을 벤치마킹하라

감성이 발달한 여성은
주위 환경을 조화시키는 능력이 뛰어나다.
섬세하고 부드러운 여성이 남성보다
교섭력이 강하고 수평적인 조직을 좋아해
네트워크 구축에도 능력을 발휘할 수 있기 때문이다.

3년 전쯤 연세대학교에서 최고경영자 과정을 들을 때였다. 이곳 최고경영자 과정은 부부가 같이 수업을 듣는 것으로 유명해 나는 아내와 함께 학교로 갔다.

강사를 기다리고 있는데 교무직원이 강의실로 들어와 이렇게 말했다.

"이번 강의는 남편과 부인이 따로 듣게 됩니다. 정해진 강의실로 분반해 주세요."

강사가 누군데 남자와 여자가 따로 들어야 하느냐고 물었더니 성주 인터내셔널의 김성주 사장이라는 대답이 돌아왔다. 김성주 사장이라면 나도 예전에 언론을 통해 익히 들어 왔던 여사장이었다. 나와 같은 나이로, 소신이 뚜렷하고 능력 있는 분으로 알고 있었다. 어떤 말씀을 하시는지 듣고 싶었다. 그래서 강의실로 들어오는 김 사장에게 아내와 함께 수업을 듣고 싶다는 부탁을 했다. 김 사장은 내 요청을 흔쾌히 들어주었다.

듣던 대로 거침이 없었고, 배울 점이 많았다. 이렇게 좋은 강의를 왜 남편에겐 듣게 하지 않았는지 직원에게 물었더니, 대답이 다소 의외였다. 전에 김 사장의 강의를 합반해서 듣게 한 뒤 평가를 했더니 대부분의 남성들이 싫은 반응을 보이더라는 것이었다. 아직도 우리 사회가 여성 사장의 성공을 못마땅해 하고 있다는 반증이었다.

이 같은 사회적 분위기는 사실 비즈니스 세미나에 가 보면 확연히 드러난다. 여성들이 거의 없거나 둘, 셋 있는 정도가 고작이다. 그나마 마케팅 분야에서는 여성들의 숫자가 조금씩 늘고 있는 추세지만, 리더의 위치에는 아직 여성이 부족한 형편이다. 미국의 유수 기업에서 수많은 여성들이 최고경영자나 부문 최고책임자로서 활동하고 있는 현실과 비교해 보면 창피할 정도다.

영국의 한 유전학자는 다가오는 21세기는 남성보다 유전학적으로 우월한 여성이 남성을 지배한다는 보고서를 내기도 했다. 나도 이 주장에 동의한다. 디지털시대에는 여성의 역할이 더욱 중요해질 것으로 생각하기 때문이다.

남성은 세 명만 모이면 패를 가르고 권력 다툼을 벌인다. 그러나 여성은 모이면 다양한 주제를 가지고 서로 연관시키기를 좋아한다. 남성이 승부 지향적이라면 여성은 관계 지향적이다. 남성이 파괴하기를 서슴지 않는다면 여성은 보듬어 안으려고 애쓴다.

감각의 시대로 불리는 디지털시대에는 여성이 남성보다 훨씬 적응을 잘할 것으로 예상하는 것은 무리한 생각이 아니다. 감성이 발달한 여성은 주위 환경을 조화시키는 능력이 뛰어나다. 섬세하고 부드러운 여성이 남성보다 교섭력이 강하고 수평적인 조직을 좋아해 네트워크 구축에도 능력을 발휘할 수 있기 때문이다.

최근에 남성이 지배한 세계 정치 구조는 치열한 전쟁과 살육으로 얼룩졌던 만큼 이제 정치 권력을 여성에게 넘겨 주자는 주장도 대두되고 있는 점을 감안해 보면 이른바 여성의 시대가 도래한 것 같다. 이를 입증하듯 선진국에선 여성이 경제, 정치, 공학 등 모든 부분에서 두각을 나타내고 있다. 국내 우수한 여성 인력들이 단지 여성이라는 이유로 소외당하고 발굴되지 못하는 현실은 안타까운 일이다. 여성을 이성으로만 보지 말고 비즈니스 파트너로 보는 노력이 있다면 남성도 21세기에 뒤처지지 않고 살아남을 수 있을 것이다. 남성과 여성의 역할이 역전되는 세상도 한번 꿈꿔 볼만 하지 않는가.

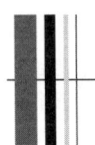

샐러리맨 양성 학교는 왜 없는가

지식 경영도 좋고, 지식 사회 건설도 좋다.
그러나 정부와 학교, 언론이 단순히 몇 사람을
신지식인으로 지정하는 것에서 만족한다면,
거창한 캠페인성 구호를 외치는 것으로
할 일을 다했다고 생각한다면
샐러리맨의 앞날은 우울할 뿐이다.

참이상한 게 있다. 왜 MBC 〈성공시대〉엔 샐러리맨이 등장하지 않는가. 성공담에는 으레 사장님이 나오기 마련이고 예술가가 출연한다. 나라에 세금을 내고 있는 사람 중 80% 이상이 샐러리맨인데도 이렇듯 평가를 해주지 않는다는 사실, 문제가 있지 않을까.

사회 분위기가 이러니 "월급쟁이로 인생을 흘려 보낸다"는 푸념이 나오지 않을 수가 없다. 샐러리맨을 그만두면 할 것이 없다는 얘기를 서슴없이 하는 사람들을 보면 뭔가 잘못돼 있는 게 분명하다는 생각이 든다.

한국에 샐러리맨으로 성공할 수 있는 길을 가르쳐 주는 학교를 만들면 어떨까. 그것이 경영학 석사(MBA) 과정이어도 좋고, 일본의 마쯔시다 정경숙(政經塾)이어도 괜찮다. 단지, 성공 비결과 샐러리맨 철학을 교육받을 수 있는 곳이 있었으면 한다.

그러나 국내 MBA 과정만 봐도 샐러리맨의 실력을 기르는 데는 부족해 보인다. 국내 MBA 과정은 학문을 위한 과정일 뿐 기업체에서 전쟁을 치르고 있는 샐러리맨들에게 실질적으로 도움이 될 수 있는 것을 가르치지는 않는다.

그도 그럴 것이, 한 학기에 3백만 원 정도 하는 수업료로는 양질의 교육을 할 수 없다. 더구나 교육비를 높이는 것은 정부나 사회 분위기가 수용하지 못해 고급의 경영과정 설립은 멀게 느껴진다.

왜 능력 있는 샐러리맨들이 수천만 원씩을 주고 미국이나 유럽으로 경영 공부를 하러 가겠는가. 그곳은 무엇이 다르겠는가. 나는 아직 미국이나 유럽에서 MBA를 공부해 본 적은 없지만, 국내에도 이런 고급 과정이 만들어질 수 있을 것으로 본다. 그리고 그런 고급 MBA 과정을 위한 필수조건은 강의 수준에 맞는 강의료 인상이라고 생각한다. 시간당 1만 5천 원의 강의료를 받고 누가 질 높은 강의를 하려고 노력하겠는가 말이다.

지식 경영도 좋고, 지식 사회 건설도 좋다. 그러나 정부와 학교, 언론이 단순히 몇 사람을 신지식인으로 지정하는 것에서 만족한다면, 거창한 캠페인성 구호를 외치는 것으로 할 일을 다했다고 생각한다면 샐러리맨의 앞날은 우울할 뿐이다.

우리의 지식인들을 격에 맞게 대우하자. 연간 수업료가 1억 원인 MBA가 국내에도 생긴다면 능력 있는 샐러리맨들이 속출할 것이다. 이런 샐러리맨들을 키워 내는 학자나 전문가들도 덩달아 많아질 것이다.

자본주의는 명예(Good Will)를 쫓는다. 돈 번 기업들은 이런 대학을 설립하면서 부를 환원하고, 학자들은 이 돈으로 현장성 있는 수준 높은 이론을 만들어 내고, 샐러리맨들은 기업의 지원으로 실력을 높이는 그런 사회가 됐으면 싶다.

그래서 나는 지금부터 최고의 샐러리맨 양성을 위한 Cyber Bisiness School을 세울 꿈을 품고서 살아가고 있다. 예전에는 학교를 하나 세우려면 수천, 수백억 원의 자금이 필요했지만, 지금 같은 디지털 세상에는 그렇지 않다. 그래서 나는 '천리 길도 한 걸음부터' 라는 신념으로 시작의 삽을 들고 싶은 것이다.

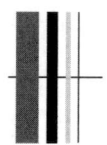

나이 마흔다섯에 광고모델이 된 이유

단순히 우리 브랜드를 알리는 것뿐 아니라
고객들에게 내 얼굴을 담보로
우리 제품의 신뢰성을 보여 주고 싶었다.
말하자면 제품 실명제인 셈이다.

"이 메이션 코리아는 고객에게 브랜드를 알리기 위해 이장우 사장이 직접 광고모델로 출연, 기업에 대한 강한 인상과 신뢰도를 심어 나가기로 했다.(전자신문 2000년 2월 9일자)"

상당수의 고객들이 이메이션 제품을 쓰면서도 우리 로고를 기억하지 못했던 것이 사실이다. 3.5인치 디스켓 시장에서 우리가 80%의 시장을 점유하고 있지만, 아직 3M으로 기억하거나 3M의 자회사쯤으로 아는 사람들이 의외로 많다. "왼손으로 집은 요술봉이 마술 가루를 뿌리고 있는 디스켓이 이메이션 겁니다." 하면 그때서야 "아, 그래요." 한다.

사실 이메이션을 알고 있는 고객이나 학생들을 만나면 그렇게 반가울 수가 없다. 지난 3월 고려대학교에서 열린 니콜라스 네그로폰테의 "새로운 디지털시대" 강연에서도 우리 이메이션 공CD를 사용하고 있는 숙명여대 여학생을 만날 수 있었다. 그날은 너무나 기분이 좋았다. 만약 수많은 소비자와 고객이 우리 브랜드를 인식하고 찾아 준다면 그보다 더 좋은 일은 없을 것이다. 고객으로 인한 이 같은 설레임과 즐거움이란 이미 브랜드가 꽤 알려져 있는 회사 사람들은 이해하지 못할 것이다. 사실 나도 3M에 다닐 때는 이런 설레임도, 즐거움도 느껴 보지 못했었다.

그래서 브랜드를 적극적으로 알려야겠다는 생각으로 광고를 기획하고, 여러 생각 끝에 '광수 생각'으로 유명한 박광수 씨를 접촉해서 그림을 이용해 광고를 하기로 했다. 그런데 광고 기획사 쪽에서 차라리 내가 직접 출연하는 광고를 만들면 어떻겠느냐는 제안을 했다. 이렇게 해서 나는 졸지에 광고모델이 되었던 것이다.

충무로에서 사진을 찍는데, 처음에는 무척 고생했다. 모델이 얼마나 힘든지 알 수 있었다. 수십 컷을 찍어 그 중 하나를 쓰려니 여러 포즈를 취할 수밖에 없었고, 생전 해보지 않은 일이라 어색하기만 했다. 그래도 그나마 다행인 것은, 평소에 신문이나 방송에서 인터뷰를 한 경험이 있었기 때문에 조금씩 익숙해졌다는 점이었다.

광고모델을 하기로 한 이유는 이젠 고객들에게 내 얼굴을 자신 있게 공개할 수 있어야 된다는 생각 때문이었다. 단순히 우리 브랜드를 알리는 것뿐 아니라 고객들에게 내 얼굴을 담보로 우리 제품의 신뢰성을 보여 주고 싶었다. 말하자면 제품 실명제인 셈이다.

또 한 가지 이유는 이메이션의 모델이 아니라 샐러리맨의 모델이 되고 싶다는 나의 바람 때문이었다. '당당하게, 보람 있게 사는 샐러리맨'의 표상이고 싶었다. 샐러리맨을 위하여 한평생 산다면 얼마나 멋있을까.

00000100000111010110000000000100
01100000100000111010110000000000100 00
10101000001000001110101100000000000100

세상은 꿈꾸는 자의 것이다

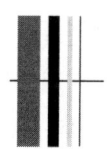

사장 자리를 주지 않으면 떠나겠다

나는 샐러리맨으로 보낸
지난 13년 간의 세월을 반추해 보았다.
정말 정신없이 보낸 시간이었다.
때론 눈물로, 때론 승부사적 기질로
어려운 시기를 버티면서 언젠가는
최고경영자가 되기로 마음먹지 않았던가.

새벽 4시. 절 밖에서는 사원 처마 끝에 달아 놓은 풍경(風
磬) 소리가 그윽하게 들려 왔다. 한겨울이었지만 바람이
세지 않아 풍경 소리는 아득하기만 했다. 내 옆에는 장모님과 아내
가 곤히 잠들어 있었다. 이들도 한 시간 뒤면 일어나 사탑을 돌겠
지. 대단한 사위도 아니고 능력 있는 남편도 아닌데, 나를 위해 여
기까지 따라온 것을 보면서 미안한 생각이 들었다.

몇 분 뒤척이다 나는 조용히 문 밖으로 나섰다. 강화도 보문사
뒤편엔 나지막하지만 기품이 있는 산이 있다. 나는 새벽녘이면 이
산을 올라 끝없이 펼쳐져 있는 바다를 바라보곤 했다. 여느 때처럼
오늘도 이 산을 찾았다. 달빛이 나를 따라와 주었다.

95년 12월. 나는 미국 3M 본사에 지난 3개월 동안 이메일을 보
내며 새롭게 출범한 이메이션의 한국 현지 법인 사장을 시켜 달라

고 요구했다. 이메이션은 3M에서 디스켓과 데이터스토리지 그리고 이미징 관련 사업부를 분리해 독립 사업체로 분사됐다. 지난 14년 동안 한국 3M의 디스켓과 데이터 기록 영업부에서 일한 나는 이메이션으로 디스켓 사업부가 이전되면 당연히 내가 한국 법인의 사장이 되어야 한다고 믿었다. 그리고 본사에도 그렇게 주장했다.

그러나 쟁쟁한 경쟁자가 많았다. 더구나 3M은 지난 75년 한국에 회사가 생긴 이래 한번도 한국인을 사장으로 내정한 적이 없는 기업이었다. 특별히 한국인을 차별했다기보다는 세계를 대상으로 세일즈를 펼칠 만한 인재가 없었다고 생각한 것 같았다.

이런 이유로, 한국인인 내가 이메이션 코리아의 사장으로 발령을 내 달라고 요구하는 것 자체가 사실 무리로 보였다. 주위의 시각도 같았다. 비관적이었다.

게다가 미국에서도 이상하게 한국 사장으로 오려는 사람이 많았는데, 그들은 나보다 직급도 높고 경력도 풍부했다. 그렇지만 나 역시 그 동안 월급쟁이로 살아오면서 언젠가는 사장 자리에 오르겠다고 다짐했었고, 이번이 그 절호의 기회라는 것을 직감하고 있던 터였다.

나는 내가 알고 있는 인맥을 총동원해 미 본사의 경영진들을 설득하려고 무던히 애를 썼다. 그뿐만이 아니었다. 나는 미국 본사 빌 모나한(Bill Monahan) 회장과 데이브 웽크(Dave Wenck) 국제담당 사장에게 이메일로 "최선을 다해 일을 하겠으니 사장 자리를 달라."고 글을 올렸다.

"나는 수세미 장사에서 시작해 디스켓 영업까지 3M에서 13년간을 일해 왔다. 나름대로 성공했다고 자부한다. 내가 뭐는 못할 것 같은가. 배우면서 일하는 자세를 잃지 않는 한 이메이션 코리아 사장도 해낼 수 있다."는 요지의 글을 빌 모나한 회장에게 보냈다.

한편, 한국 3M에는 이번에 내가 이메이션의 사장이 되지 않는다면 이곳을 떠나겠다고 말해 두었다. 배수진을 친 셈이었다. 사정이 이렇다 보니 가만히 앉아서 결과를 기다릴 수는 없었다. 오랜만에 보문사를 찾은 이유는 이 때문이었다.

산에 오르면서 나는 샐러리맨으로 보낸 지난 13년 간의 세월을 반추해 보았다. 정말 정신없이 보낸 시간이었다. 때론 눈물로, 때론 승부사적 기질로 어려운 시기를 버티면서 언젠가는 최고경영자가 되기로 마음먹지 않았던가. 이번에 승부를 내지 못하면 나에게 전문경영인으로 일할 기회는 영영 오지 않을 것 같았다.

산 정상에 오른 나는 눈앞에 드넓게 펼쳐져 있는 바다를 바라보았다. '저 바다 너머엔 나를 사장으로 낙점해 줄 회장이 있겠지.'라는 생각이 들자 나는 불현듯 그에게 들리도록 외치고 싶었다.

"나를 사장으로 뽑아 달라. 후회하지 않을 것이다~."

조용한 새벽에 내 목소리는 메아리가 되어 다시 내게로 돌아왔다. 신기하게도 돌아온 메아리는 마치 빌 모나한 회장이 내게 보내는 긍정의 답변 같았다.

내 간절한 염원이 태평양 건너 미국에까지 전해졌는지, 나는 정확히 2개월 만에 이메이션 코리아 사장이 되었다. 누구도 예상치 못한 결과였다. 모두들 의외라는 표정이었다. 미국에서도 이는 흔치 않은 사례였다. 그도 그럴 것이, 나는 한 번에 무려 네 직급을 껑충 뛰어넘었으니 말이다. 이 기록은 아직도 3M과 이메이션에서 깨지지 않고 있다.

뒤늦게 안 사실이었지만, 평소에 나를 아껴 주던 인물들에 의해 내가 최종 낙점됐다는 것이었다. 나는 평소 그들에게 뭘 바라고 따뜻하게 대한 적은 없었다. 그저 인간적으로 신뢰를 보여 주고 말 한마디라도 따뜻하게 건네 준 것뿐이었다. 그러나 이들은 소리 없이 나를 인정해 주고, 나의 앞길을 열어 주었던 것이었다.

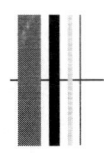 # 나는 수세미를 파는 사람이었다

정 부장은 나에게
영업이란 무엇인가를 가르쳐 주었다.
영업이 단순히 술 먹고 인맥, 학맥 동원해
거래선을 뚫는 것이 아니라는 것을 보여 주었다.

지금은 스토리지 미디어와 디스켓 사업 등 하이테크 산업을 경영하고 있지만, 80년대 초반 3M에 입사했을 때 나는 수세미를 팔러 다니는 영업사원이었다.

우여곡절 끝에 3M에서 거의 15년 간을 근무하게 되었고 분사되어 나온 이메이션의 한국 법인 사장이 되었지만, 원래 3M에 입사할 생각은 추호도 없었다. 우연한 운명이 나를 여기까지 이끌고 온 것뿐이었다.

나는 집안 형편이 어려워 대학 다닐 때도 어머니의 금가락지를 팔아 수업료를 댄 것 외엔 돈 한푼 받지 못했다. 수업료는 물론 생활비의 상당 부분도 내가 아르바이트를 해서 마련했다. 겨울이면 자취방에서 새우잠을 자야 했다. 그나마 연탄 살 돈도 없어서 아궁이를 때지 못하면 뜬눈으로 밤을 지새야 했다. 그러다가 정 못 견디겠으면 전기밥솥에 물을 넣고 끓기를 기다렸다가 그 증기를 난로 삼아 잠을 청하기도 했다. 운 좋은 날은 앞방의 연탄불을 갈아주고 몇 장의 연탄을 얻을 수도 있었다.

그러나 이것도 임시 방편이어서, 나는 새벽이 되기만을 기다렸다가 학교 도서관으로 향했다. 도서관은 따뜻하기 때문에 잠을 청할 수 있었다. 남들은 내가 부지런해서 도서관에도 일찍 온다고 생각했지만, 사실 잠을 잘 수 없어서 그랬던 것이었다.

생활은 곤궁할지라도 나는 한 번도 주눅이 들어 산 적이 없다. 내가 왜 어깨를 움츠리면서 살아야 하나. 항상 웃는 얼굴로 당당하게 살았다. 이렇게 내가 자신감을 유지할 수 있었던 배경에는 1등을 놓치지 않는 내 성적이 있었다.

나는 경희대 영문학과에 입학한 이래 줄곧 장학금을 탔다. 수석을 놓치면 차석이라도 했다. 잠을 잘 수 없어 도서관에 나와, 다른 할 일이 없어 공부할 수밖에 없었던 나의 성적을 친구들이 쫓아오기란 힘든 일이었을 게다.

이렇게 학교를 장학생으로 졸업하고, 나는 내 인생의 첫 출발은 근사한 대기업에서 하기로 작정했다. 적어도 1등으로 졸업한 내가 중소기업에 들어가 또다시 곤궁한 생활을 한다는 것은 자존심이 허락지 않았다.

그래서 들어간 곳이 동아건설이었다. 80년대 초반만 해도 건설경기 붐이 상승세에 있었고 동아건설은 국내 굴지의 업체였기 때문에 동아건설에 입사원서를 냈다. 시험을 치르고 무난히 합격할 수 있었던 나는 무려 넉 달이나 기다린 끝에 첫 근무지로 고리 원자력 발전소로 발령받았다. 웬 원자력 발전소? 나는 영문학을 전공한 인문학도인데. 머릿속을 맴도는 이 같은 의문 때문에 결국 이틀 만에 퇴사할 수밖에 없었다.

동아건설을 나와 다시 들어간 곳이 정철영어학원으로 더 알려진 문화어연이었다. 내 전공을 살리기 위해 당시 가장 유명한 영어교육업체를 찾았다. 이곳은 국내업체와는 달리 실력에 따라 인센티브를 준다는 사실이 마음에 들었다. 나는 한시라도 빨리 돈을 벌고 싶다는 욕구에 이곳에서 일하기로 결심했다.

이런 즈음 나는 문화어연뿐 아니라 3M이라는 회사에도 입사원서를 내고 입사시험을 치렀다. 하지만 외국계 회사라는 점만 보고 시험에 응시한 것일 뿐, 나는 이 회사의 이름이 '쓰리엠'인지 '3미터'인지도 모르고 있었다.

그러나 정작 3M에 입사하기로 결심하자 이번엔 다른 일이 터졌다. 회사쪽에서 자재관리직을 지원한 나를 받아 줄 수 없다는 것이었다. 회사에서는 영문과 출신이 무슨 자재관리냐며 입사를 허락할 수 없다는 쪽으로 가닥을 잡아 가고 있었다. 하지만 인연이 있어서였을까. 이때 나를 잡아 준 사람이 있었다. 지금은 의료장비 회사인 존슨앤존슨 메디칼 사장인 정민영 부장이 나를 3M에 데려다 쓰겠다고 극구 고집을 부렸다고 한다.

시험에 떨어진 줄 알고 3M이란 회사를 잊어버린 나에게 정 부장은 다시 연락했다. 그는 영업직으로 뛸 의향이 있는지 물어 왔고, 나는 그 자리에서 결정을 내리지 못했다. 대학까지 나왔는데 무슨 영업직 사원이냐는 생각이었다. 그때만 해도 영업직 사원이란 기업체 구매과 직원을 만나 이들의 비위를 맞춰 가며 제품을 판매하는 정도의 일이라고만 생각하고 있었다. 아무것도 몰랐던 때였으니 그럴 만도 했다.

입사할까 말까를 놓고 고민할 때, 내게 결정적인 조언을 해준 사람이 있었다. 이름은 잊었지만 얼굴만은 지금도 생생히 기억하고 있는 미국인 여인이다. 이 여인은 오산 미 공군 조종사 중위였는데, 나와는 우연히 종로거리에서 만나 친구로 지낸 사람이었다.

그녀는 내가 3M에 입사할지 말지를 고민한다는 얘기를 듣자 왜 당장 들어가지 않느냐고 의아해했다. 미국에서 3M은 대단히 크고 우량한 회사라는 그녀의 설명을 듣고 나는 그 자리에서 결정해 버리고 말았다. 이게 내가 3M과 인연을 맺은 단초였다. 82년 4월 1일이었다. 만일 내가 원하던 대로 자재관리과에서 일을 시작했다면 지금의 나는 없었을 것이다. 나는 영업으로 내 인생을 시작했던 것이 일종의 행운이었다고 생각한다. 사람의 운명은 정말 알 수 없다. 그래서 앞날이 더 기대되는지도 모른다.

3M에 처음 입사해 시작한 일은 수세미 판매 영업이었다. 하고 많은 제품 중에 왜 하필 수세미였는지, 정말 그때는 절망스럽기까지 했다. 대학까지 나왔는데 동네 아줌마들을 상대로 수세미나 팔아야 하는 나 자신이 한심스러웠다. 나를 뽑아 준 정 부장이 원망스러울 지경이었다. 지금은 밑바닥에서부터 일을 배웠던 것을 자랑으로 여기고 있지만, 새파란 젊은 나이에 이런 것을 알 리가 없었다.

그러나 윗사람의 생각은 달랐다. 내가 가난했던 가정환경 때문에 대학에서 장학생으로 공부할 수밖에 없었던 처지를 세일즈를 하는 데 적격으로 보았다. 내 근성을 알아본 것이다. 영업이 나를 키운 스승이었음을 나는 나중에야 깨달을 수 있었다.

정 부장은 나에게 많은 것을 가르쳐 주었다. 무조건 대리점에만 제품을 내다 파는 것이 아니라 본사의 영업사원이 직접 물건을 팔아야 한다는 것, 영업사원은 회사에 출퇴근하지 말고 고객들 거래처에서 출퇴근해야 한다는 것 등은 당시엔 획기적인 발상이었다. 우린 그때 회사란 하루도 빠짐없이 나와 반드시 출퇴근 카드를 찍어야 하는 곳인 줄 알았지만 정 부장의 생각은 달랐다. 우린 항상 현장에 있어야 했다. 이곳의 움직임을 파악하고 변화를 읽기 위해서는 회사에 출퇴근하는 시간조차 아까워해야 했다.

정 부장은 나에게 영업이란 무엇인가를 가르쳐 주었다. 영업이 단순히 술 먹고 인맥, 학맥 동원해 거래선을 뚫는 것이 아니라는 것을 보여 주었다.

우린 체계적으로 영업하기 위해 주간, 월간, 연간 영업 계획을 짰고, 고객의 움직임을 기록했으며, 몸가짐을 단정히 하기 위해 한여름에도 흰색의 긴팔 와이셔츠를 입어야 했다. 이것이 프로 영업사원의 모습이었다.

처음으로 수세미를 들고 나선 곳은 인천지역이었다. 한낮의 기온이 30도를 오르내리는 무더운 날씨였지만, 나는 긴팔 와이셔츠에 양복을 입고 인천 일대를 돌아다녔다.

3M이라는 회사의 인지도가 없었던 시절, 인천은 그야말로 3M이 뿌리조차 내릴 수 없었던 곳이었다. 새벽에 일어나 수세미를 가방에 담으며 나는 결의를 다졌다. 손을 비벼서 물건을 팔기보다는 전문 세일즈맨으로서 당당히 주문을 받자고 마음을 다졌다.

우선 내 힘을 분산시키지 않기 위해 인천지역을 동구, 남구, 북구 등 세 곳으로 나눴고, 그 중에 가장 잠재 구매력이 있다고 판단

한 북구를 첫 공략지로 택했다. 그리곤 보따리를 어깨에 둘러메고 새벽길을 나섰다. 초여름이었지만 날씨는 굉장히 무더웠다. 그렇지만 나는 곧 영업에 익숙해졌고, 신입사원이었지만 엄청난 양의 수세미를 파는 저력을 과시했다.

자, 그러면 내가 연고 하나 없던 인천지역에서 수세미 구매자인 아줌마들에게 어떻게 해서 인기가 좋았는지 그 방법을 공개하겠다. 들어 보면 "에이, 시시해." 할지도 모르겠지만.

우선 슈퍼마켓에 들어선다. "수고하십니다." 하고 반갑게 인사하고 음료수를 하나 꺼내 주인 아줌마에게 건넨다. 물론 내가 사는 거다. 마침 아줌마 아이들이 곁에 있으면 머리를 한번 쓰다듬어 주고는 잘 생겼다느니, 공부 잘하게 생겼다느니 하며 아이들하고 친해진다. 아줌마도 싫은 기색이 없다. 말하자면 소비자와 거리감이 훨씬 좁혀진 셈이다.

이제 본격적으로 세일즈를 시작한다. 아줌마들은 아직 3M을 잘 모르니까 3M이라는 상표를 설명하기보다는 수세미를 팔고 있는 나를 설명한다.

"대학을 막 졸업하고 영업전선에 뛰어들었습니다. 처음 하는 일이어서 서투르지만, 열심히 하려고 합니다. 도와주십시오."라고 운을 뗀다. 그러면 10명 중에 9명은 사 준다. 인정을 이용한 세일즈가 신기하리만치 잘 통하던 시절이었다.

지금은 안 그럴 것 같은가? 천만에. 한국 사람들에겐 아직도 이 방법이 먹힌다. 세일즈도 지역 특성에 맞게, 문화적 특성에 맞게 해야 통한다. 제품으로 접근하기보다는 인간적으로 접근하는 방법이 지금도 효력이 크다.

이런 식으로 내가 개척한 신규 고객이 50명이 넘었고, 불과 2~3 개월 만에 혼자서 3만 장의 수세미를 팔 수 있었다. 당시 대리점도 없는 상태에서 이처럼 막대한 물량을 나 혼자 소화하자 회사에선 오히려 내가 허위보고를 하는 것은 아닌지 의심하기도 했다. 신입 사원이 너무 긴장한 나머지 상사에게 혼나지 않으려고 있지도 않은 오더를 받았다고 하는 것은 아닌지 정 부장이 슬쩍 떠볼 때는 정말이지 말문이 막혔다. 그러나 뒤집어서 생각해 보면 내가 얼마나 잘했길래 이런 의심까지 받게 되었는지 스스로가 대견했다.

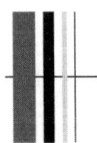# 여기서 팔지 못하면 차라리 죽겠다

두드려라(Ask for it!), 그러면 열린다는 말은
어떤 상황이든 해보지도 않고 단정짓지 말라는 뜻이다.
우린 흔히 상대방이 어떻게 생각할까
지나치게 고민한 나머지 시도조차 하지 않는다.
하지만 요구하지도 않는데 어떻게 이루어지겠는가.
생각을 바꾸면 세상이 보인다.

인천에 온 지 불과 3개월 만에 나는 다시 보직을 옮겨 서울
강남지역으로 투입되었다. 이후로도 회사는 내가 마치
용병인 듯 전장의 최전선이면 어김없이 배치하곤 했다. 나는 이제
인천지역에 판로도 개척해 놓았으니 쉽게 영업을 할 수 있겠구나
하며 좋아했지만 정 부장은 나에게 보직을 옮기라고 했다.

강남지역에 오니 인천과는 세일즈 환경이 전혀 다르다는 점을
금세 파악할 수 있었다. 인천에서는 아줌마들만 상대하면 됐지만
강남엔 슈퍼체인이 형성되어 있었기 때문에 구매담당 직원들과 직
접 거래계약을 틀 수 없었다. 체인점에 가면 본사 구매담당과에 가
서 문의하라고 하고, 구매담당과에 가면 현지 매장에서 허락을 받
으라고 하는 등 엄청 까다로웠다. 일종의 세일즈맨 퇴치 전략을 구
사한 것이다. 또 다른 환경 속에서 나는 속수무책으로 2개월을 그

냥 보냈다. 암담했다.

그러던 어느 날, 진주햄에 다니던 유경준이라는 친구에게서 전화가 왔다. 내가 2개월 간 속절없이 수세미 판매를 하지 못하고 있다는 소식을 듣고는 유명 체인 중 하나였던 한남체인의 판로를 트는 데 도움을 주겠다는 것이었다. 구세주를 만난 기분이었다.

이렇게 해서 처음으로 한남체인으로부터 5백 장의 주문을 받을 수 있었다. 한 곳의 판매망이 풀리자 연이어 서너 곳의 다른 체인점에서도 우리 수세미를 판매대에 놓을 수 있었다. 나는 신이 나서 열심히 했고, 그 결과 웬만한 큰 슈퍼나 체인점에서는 어려움 없이 3M의 수세미를 팔 수 있는 길이 열렸다.

하지만 3M이 공략할 수 없는 난공불락이 있었다. 한양유통(지금의 한화유통)이라는 곳이었다. 이곳은 당시 최고의 유통업체였고, 여기를 개척하면 나머지는 식은죽 먹기였다. 3M 직원들도 지난 3년 간 수없이 도전했지만 실패한 곳이 여기였고, 3M의 합작회사인 두산그룹의 내로라 하는 세일즈맨들도 두손 든 곳이었다.

이유는 단 한 가지. 이곳의 구매담당자가 여간 까다로운 사람이 아니라는 점이었다. 구매 거절도 얼마나 교묘하고 논리적으로 하는지 모두가 혀를 내두를 정도였다.

그 순간부터 나는 이 사람과 함께 죽기로 결심을 했다. 나는 여기서 못 팔면 죽겠다는 비장한 각오로서 한양유통 구매부를 찾았다. 권 대리라는 사람은 소문대로 정말 틈새가 보이지 않는 벽 같았다.

권 대리는 내가 방문할 때면 항상 새로운 구매 거절 사유를 댔다. 나도 질 수 없었다. 거절 사유를 깰 수 있는 또 다른 대안을 타

이핑해서 다시 그를 찾았다. 이렇게 해서 6개월 동안 권 대리를 열두 번이나 방문했다. 만날 때마다 그는 새로운 거절 이유를 댔고, 나는 나대로 대안을 찾아 그를 끈질기게 설득했다.

나는 이렇듯 논리적으로 그를 상대하는 동시에, 감성적으로 그를 굴복시킬 수 있는 수단을 연구했다. 인간적으로 접촉하기 위해서는 학맥이라든가 인맥을 통해 그와 내가 인연이 있다는 사실을 최대한 이용해야만 했다. 정 부장에게 이렇게 교육받지는 않았지만 상대가 상대인지라, 권 대리라는 깨지지 않는 콘크리트에 우선 구멍을 내는 것이 필요했다.

주위 사람들에게 물어 보아 권 대리가 건국대학교 축산과를 졸업했다는 사실을 알아냈다. 지금도 그렇지만 당시 건국대학교 축산과 하면 이 분야에선 최고의 실력을 자랑하던 곳이었고, 선후배들 사이의 우정도 두터웠다. 선배나 후배가 부탁하면 두말 없이 들어주는 것을 일종의 계율로 삼을 정도였다.

운 좋게도 내겐 건국대학교 축산과 출신인 친구가 있었다. 이윤호라는 친구였는데, 권 대리의 2년 후배였다. 나는 윤호를 만나 단도직입적으로 도와달라고 부탁했다. 이때쯤 되니 권 대리는 나의 끈질긴 설득에 반쯤은 승낙할 태세였지만, 그래도 계약서에 사인하기 위해서는 결정적인 유인책이 있어야 했다. 윤호는 바로 계약의 마지막 단계를 성사시킬 수 있는 나의 사신이었던 셈이다. 결국 이 작전은 명중해 한양유통에 3M의 수세미 제품을 납품할 수 있었다.

권 대리는 계약서에 사인하는 날 "당신 같은 사람은 처음 본다. 대개는 서너 번만 거절하면 나가떨어지는데, 당신은 무려 열두 번이나 나를 찾아왔다. 대단하다."라고 말하며 너털웃음을 지었다.

내가 이 말을 듣고 얼마나 기뻤는지는 설명하지 않아도 알 것이다.

한양유통의 판매망을 뚫자 금세 10여 군데의 체인점 판로가 열렸다. 선배들이 왜 한양유통을 뚫기 위해 조바심을 냈는지 알 수 있었다.

두드려라(Ask for it!), 그러면 열린다는 말은 어떤 상황이든 해보지도 않고 단정짓지 말라는 뜻이다. 우린 흔히 상대방이 어떻게 생각할까 지나치게 고민한 나머지 시도조차 하지 않는다. 하지만 요구하지도 않는데 어떻게 이루어지겠는가. 생각을 바꾸면 세상이 보인다.

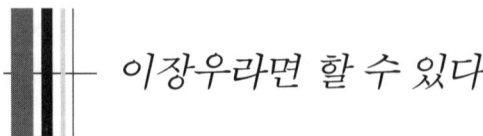

이장우라면 할 수 있다

시간이 문제였다. 토요일과 일요일을 빼면
단 5일 만에 그의 노하우를 배워야 했다.
그 뒤부터는 내가 디스켓 영업을 모두 책임져야 했다.
그때부터 하루 두 시간만 자고
디스켓 제품 공부를 하기 시작했다.

내가 수세미 판매에서 문구를 거쳐 디스켓 판매영업으로 옮긴 이유는 순전히 호기심 때문이었다. 사실 수세미 영업이 더 매출이 많고, 영업 노하우도 생길 즈음이었다. 문구 판매도 대박은 잡지 못했지만 열심히 했다고 자부한다. 최선을 다하면 그에 상응하는 대가가 있다는 믿음만큼은 아직도 변함이 없다.

84년, 국내에 겨우 컴퓨터가 보급되기 시작할 무렵이었다. 8비트 애플 컴퓨터가 일부 컴퓨터 전공학생들과 부유한 집을 중심으로 보급되었다. 나는 디스켓은커녕 컴퓨터도 몰랐던 숙맥이었다. 더구나 나는 인문학을 전공했기 때문에 이런 분야엔 먹통이었다.

당시 디스켓 영업을 맡고 있던 이정호 선배가 나에게 이 분야를 지원하라고 격려해 주었다. 정민영 부장도 "이장우 씨라면 할 수 있다"며 달콤한 유혹을 건넸다.

그러나 문제는 이 분야에서 유일하게 영업망을 구축하고 있던 강인두 씨가 일주일 뒤면 회사를 그만두게 된다는 사실이었다. 불과 7일을 남겨 두고 아무것도 모르는 디스켓 영업에 뛰어든 꼴이 되고 말았다. 강인두 씨는 떠나기 전 후임을 물색했고, 멋모르고 뛰어들기 좋아하는 내가 덥석 이 미끼를 문 것이었다. 그래도 좋았다. 까짓 거, 배우면 된다고 생각했다. 시간이 문제였다. 토요일과 일요일을 빼면 단 5일 만에 그의 노하우를 배워야 했다. 그 뒤부터는 내가 디스켓 영업을 모두 책임져야 했다. 그때부터 하루 두 시간만 자고 디스켓 제품 공부를 하기 시작했다. 모르면 새벽에라도 강인두 씨에게 전화를 걸었다. 다행히도 그는 짜증내지 않고 언제라도 차분하게 디스켓 영업의 노하우를 설명해 주었다.

때론 대리점 직원들에게 물어 보기도 했지만, '신참 굴리기'인지 나를 괄시하기 일쑤였다. 그러면 그럴수록 더 제품을 공부하고 시장을 알기 위해 노력했다. 어찌나 걱정이 되는지 밤에 잠도 오지 않았다. 이정호 선배나 강인두 씨는 전자공학과 출신이어서 디스켓 영업이 어렵지 않았겠지만, 나는 영문과 출신이어서 답답한 것이 한두 가지가 아니었다. 하지만 6개월의 노력 끝에 결국 제품기술과 시장에 대한 기본적인 메커니즘을 배울 수 있었다.

수세미 영업을 했던 사람이 어떻게 하이테크 산업인 디스켓 영업을 할 수 있겠느냐는 주위의 비꼬는 시선도 서서히 거두어졌다. 이렇게 해서 나는 디스켓 영업을 시작할 수 있었다.

우린 무엇이든 할 수 있다고 마음먹으면 시작할 수 있고 또 도전할 수 있는 권리가 있다. 늦다고 생각될 때(Never too late)가 가장 빠를 때라는 말의 의미를 가슴 깊이 절감할 수 있었다.

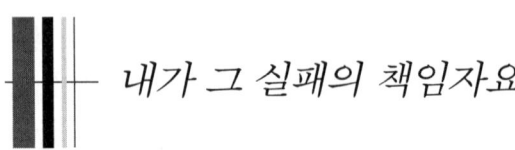

내가 그 실패의 책임자요

책임을 진다는 것이 이토록 사람을
빨리 성장시킬 수 있다는 것을 이때 처음 알았다.
오늘 당장 어렵더라도 책임을 피하지 않는다면
분명 해결의 실마리를 제대로
찾아낼 수 있다는 것도 알게 되었다.

내가 수세미 영업에서 하이테크 산업인 디스켓 판매업체 사장까지 오를 수 있었던 것은 나의 능력을 아껴 주고 격려해 준 은인이 있었기 때문에 가능했다. 3M이 막 디스켓 제조와 판매업에 뛰어들 때 만난 3M의 한국 담당 사장이었던 보리스 까푸만(Boris Coifman)이란 분. 이 사람과의 인연을 얘기해야 비로소 내가 어떻게 디스켓 사업을 할 수 있었는지 설명이 된다.

보리스 까뿌만은 프랑스인이었는데, 당시 한국 3M의 사장이었다. 한국 이름도 있어 우린 곽부만 사장이라고 불렀다. 곽 사장은 특히 나를 굉장히 귀여워해 주었는데, 이유는 내가 항상 웃고 다닌다는 것 때문이었다. 이런 곽 사장 때문에 나는 디스켓 사업을 시작할 수 있었고, 3년 동안 이어진 적자 행진에도 책임지거나 질책당하는 일은 없었다. 곽 사장이 지난 88년 한국을 떠나면서부터 내가 어려워졌으니 지금 생각해 봐도 그는 내 든든한 방패막이였다. 곽 사장이 있었기 때문에 마음놓고 디스켓 사업을 벌여 나갈 수 있었고, 지금 디스켓 사업부 사장이 될 수 있었으니 그에게 고마울 따름이다. 정말 한 사람이 성장하기까지는 그 사람의 재목을 알아보고 키워 주는 스승이 꼭 있기 마련인 모양이다.

그는 직급도 낮은 내가 디스켓 사업을 책임지고 해 나가는 것을 혹시라도 내부에서 질시할까 봐 항상 내 어깨에 손을 얹고 유쾌하게 웃는 모습을 직원들에게 보여 주곤 했다. 나에 대한 신임을 인정하도록 하는 일종의 배려였던 셈이다.

이렇듯 파란 눈의 외국인 사장이 나를 챙겨 주지 않았더라면 나는 예전에 벌써 이 일을 그만두었을지도 모를 일이었다. 우리가 디스켓 제작공장까지 설립해 가며 이 사업에 대대적으로 투자할 때도 회사 내부에서는 "이미 늦었다. 국내 굴지의 재벌그룹인 금성사도 디스켓 사업을 시작했는데, 우리 힘으로 되겠는가."라는 불만의 목소리가 터져 나왔다.

그도 그럴 것이, 당시 마케팅과 영업의 성공은 철저히 규모의 경제 논리를 따랐다. 광고에 엄청난 돈을 쏟아부으면 그에 따라 결과가 나오는 그런 식이었다. 광고면에서는 우린 도저히 SKC나 금성사(LG)를 따라갈 수 없었다. 우린 신문사 기자들과도 유대관계가 없었고 더구나 광고를 집행할 수 있는 돈도 없었기 때문에 TV광고나 일간신문의 전면광고는 생각지도 못했다. 겨우 옥외간판 광고나 하는 정도였다.

게다가 우리가 판매하는 디스켓 가격은 고가였다. 인지도가 낮으면서 가격이 높은 제품이 시장에서 어떤 대접을 받을지 결과는 뻔한 것이었다. 하지만 우리가 고가 정책을 펴는 데는 나름대로 이유가 있다. 3M 제품에는 헐값 제품이 없다. 우린 철저하게 비싼 것만 팔았다. 물론 이메이션의 전략도 마찬가지다. 이른바 고객의 가치를 높여 주는 것이 우리 고가 정책의 이유였다. '우리가 상대하는 고객은 가치 있는 고객이다' 라는 것이 우리의 캐치프레이즈였다. 제품만 차별화하는 것이 아니라 고객도 차별화하는 앞선 마케팅 전략이었다.

어쨌든 상황은 비관적이었다. 무려 3~4년 간 적자를 본 지라 본사에서는 난리였다. 해명서를 보내라, 책임자가 누구냐, 마케팅을 도대체 어떻게 하느냐며 닦달하기 시작했다. 나는 그럴 때마다 책임을 회피하지 않았다. 내가 해명서에 사인해서 보내고, 내가 마케팅 실패에 대한 책임을 지는 사람이라고 얘기했다. 내 위에도 사람은 많았지만 내가 책임질 일이라고 생각했다. 어차피 매출액을 늘려 잡아 미 본사에 보고한 것도 내가 주도한 일이었기 때문이었다. "내가 그 책임자요!"라며 미 본사에 내 이름으로 해명서를 보냈다. 선배들은 혹시 본사에 능력 없는 직원으로 찍히지 않을까 걱정한 듯 내가 책임지는 것에 조용히 동의했다.

그러나 결과는 반대였다. 오히려 본사에서는 내가 핵심 인물인 줄 알고 그 이후부터 나와 접촉을 시도하는 것이었다. 그러다 보니 나는 나대로 더 열심히 준비해서 답변할 수밖에 없었고, 이에 따라 실력은 늘어 갔다. 이들을 통해 배우는 지식도 만만치 않았다. 책임을 진다는 것이 이토록 사람을 빨리 성장시킬 수 있다는 것을 이때 처음 알았다. 오늘 당장 어렵더라도 책임을 피하지 않는다면 분명 해결의 실마리를 제대로 찾아낼 수 있다는 것도 알게 되었다.

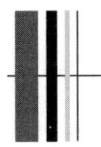

내가 실패하면 당신 앞에 무릎을 꿇겠소

나는 상사의 명령에 따라서만 움직이지는 않았다.
상사가 시키려는 일이라고 생각되면
내가 먼저 일을 찾아서 했고,
때로는 내가 주도하여 일을 시작하기도 했다.
페이스 조절은 내가 하는 것이 원칙이었다.

'디스켓 영업' 하면 지금도 생각나는 일화. 내가 막 영업을 시작할 때는 국내 디스켓 대리점이 한 군데밖에 없었다. 전국에 한 곳밖에 없었던 유일한 대리점은 경찰 출신의 변호평 사장이라는 분이 경영하는 윤호실업이라는 곳이었다. 당시 최대의 유통망을 갖추었기 때문에 한국 3M이라 할지라도 변 사장의 입김으로부터 자유로울 수 없었다. 3M 디스켓의 대부분이 변 사장을 통해 판매되었기 때문이었다.

이렇듯 독점으로 디스켓이 판매되자 변 사장이 있는 한 새 대리점을 세울 수 없었다. 새로운 대리점을 세우면 디스켓 판매량을 줄이겠다느니, 한국 3M을 통하지 않고 직접 수입하겠다느니 하는 변 사장의 압력을 견뎌 내기 힘들었다.

나는 도저히 이렇게는 사업이 커질 수 없다고 판단하고 새 대리점을 추가로 세우는 데 총력을 기울였다. 이럴 수밖에 없었던 또 다른 요인은 85년부터 디스켓 국산화가 성공했기 때문이었다.

3M은 2백만 달러라는 거금을 들여 경기도 수원에 공장을 짓기 시작해 85년 10월 드디어 첫 국산 3M 디스켓을 제조하는 데 성공했다. 지금으로 말하자면 외자를 들여와 국내에 생산시설을 세운 셈이었다.

이렇듯 국산화에 성공한 디스켓의 판로 확장이 우리에겐 최대의 과제였다. 왜냐하면 3M 본사를 설득해 2백만 달러라는 당시로서는 거액을 들여 공장을 설치해 놓고서 판매율이 만족할 만큼 오르지 않는다면 옷을 벗을 각오를 해야 했기 때문이었다. 게다가 우리는 공장설립의 요인으로 국내 디스켓 시장이 팽창될 것이고 수요는 수백만 장에 이를 것이라고 약간 부풀려서 보고했다. 공장을 짓기 위해서는 어쩔 수 없는 과장 보고서였다. 앞으로의 시장 상황으로 볼 때 우리가 예측한 수요를 맞출 것으로 자신했지만, 많은 사람들이 우리 시각에 회의적인 반응을 보였기 때문에 우리의 주장을 고집하기란 그리 쉬운 일은 아니었다. 분명히 책임을 져야 하는 일이었다.

내게 닥친 상황은 두 가지로 압축되었다. 첫째는 공장을 설립했으니 대리점을 늘려 판매율을 높여야 하는 것이요, 둘째는 대리점을 늘리자니 윤호실업의 변 사장이 떡 하니 버티고 있어 쉽지 않다는 상황이었다. 딜레마였다. 변 사장에게 좋은 말로 설득해 판매량을 늘리든가 아니면 최대의 유통망을 갖고 있던 윤호실업과 한판 전쟁을 벌이든가 둘 중 하나였다.

나는 후자를 선택하기로 결정했다. 어차피 한 번은 치러야 할 일이었다. 상황은 내 예상보다 훨씬 힘든 쪽으로 전개되었다. 마땅히 윤호실업을 대체할 대리점주가 나타나지 않을 뿐더러, 이런 움직임을 알아챈 변 사장이 나의 목을 죄어 오기 시작한 것이다.

내가 고려전산이라는 업체를 새로운 대리점으로 선정하자 내 행동을 보다 못한 변 사장은 나를 찾아와 대뜸 이런 말을 던졌다.

"이장우 당신이 성공하면 내가 대리점 사업을 포기하고, 내가 이기면 당신이 내 앞에 무릎을 꿇어야 할 것이오."

아직도 내 머릿속엔 변 사장의 말이 환청처럼 남아 있다. 나도 대가 센 비즈니스맨이었지만, 그도 만만치 않은 인물이었다. '독점을 인정해 달라'는 그의 요구는 거의 압력에 가까웠다.

그러나 한 번 결심한 이상 내 뜻을 굽힐 수는 없었다. 나는 상사의 명령에 따라서만 움직이지는 않았다. 상사가 시키려는 일이라고 생각되면 내가 먼저 일을 찾아서 했고, 때로는 내가 주도하여 일을 시작하기도 했다. 페이스 조절은 내가 하는 것이 원칙이었다. 내가 판을 만들어야 깨기 쉬웠고, 내가 주도해야 직성이 풀렸다. "일은 빼앗는 것이다"라고 가르쳐 준 정민영 부장의 철학이 이미 몸에 배어 있었다. 이 경우도 마찬가지였다. 나는 변 사장에게 한판 붙자고 선전포고를 했다.

이때부터 변 사장과의 싸움이 시작되었다. 나는 나대로 대리점을 늘려 3M 디스켓을 판매했고, 변 사장은 우리에게 디스켓 오더를 줄이라고 계속 요구했다. 영업을 책임지고 있는 나에겐 정말 심각한 타격이었다. 오더를 줄이면 매출액이 줄고, 매출액이 줄면 내 영업력은 형편없다는 것이 입증되는 셈이었다.

그래도 좋았다. 한번 붙은 싸움에서 내가 호락호락하게 백기를 들 리 만무했다. 그러나 전세는 내게 계속 불리하게 돌아갔다. 노하우가 축적되어 있고 유통망을 장악하고 있는 변 사장을 단시일 내에 당해 내기란 쉬운 일이 아니었다. 윤호실업에서 주문을 내주지 않자 3M 한국 지사의 디스켓 매출은 30%나 줄었다. 게다가 변 사장은 미국 3M의 대리점에서 직접 3M 디스켓을 수입해 팔기도 했다. 한국에서 제조한 3M 디스켓보다 미 본사 제품이 어떤 점에서는 더 우수하다는 약점을 교묘히 이용해서 판매하는 수법도 마다하지 않았다. 정말이지 비즈니스의 세계는 냉정한 것이었다.

그러나 이즈음 나를 살려 줄 대리점 사장이 구세주처럼 나타났다. 지금도 이름을 잊을 수 없는 삼양비즈니스폼의 장기상 사장이었다. 장 사장은 그 전부터 3M과 관계를 맺고 컴퓨터 테이프나 데이터 기록 전산제품을 소량 납품받아 판매해 왔었다. 예전부터 장 사장과 나는 밤새워 술도 마시고 서로의 고민도 털어놓는 사이였다. 나보다 스무 살 이상 차이나는 대선배였지만 일에서만큼은 철저히 동반자 의식을 갖고 있었다. 그만큼 호탕하고 마음이 넓은 사람이었다.

나는 장 사장에게 "디스켓 판매의 주력 대리점으로 삼양비즈니스폼과 손잡고 일해 보고 싶다."고 말했다. 그도 내 고민을 익히 아는 터라 주저 없이 "좋다. 한번 해보자."며 흔쾌히 내 말에 동의해 주었다.

사업 공조는 이뿐만이 아니었다. 장 사장이 판매하는 프린터 용지 박스에 3M 디스켓이라는 로고를 분명히 새겨 판매하는 등 마케팅 협조도 이루어졌다.

이때부터 변 사장이 갖고 있는 유통망과 장 사장이 보유하고 있는 유통망과의 전쟁이 벌어지기 시작했다. 지금도 부분적으로는 그렇지만, 당시의 유통망은 특히나 철저히 돈 싸움이었다. 더 많은 마진을 약속할 수 있는 제품을 주문하는 것이 개별 대리점의 속성이다. 그렇기 때문에 심지어는 돈을 써서라도 각 지역 대리점주에게 자기 제품을 팔아 달라고 요청하는 사례도 빈번했다.

싸움이 박빙으로 치닫자 변 사장은 3M과 경쟁관계에 있던 미국의 컨트롤데이터사의 제품도 수입해 판매하기 시작했다. 3M과는 아예 등을 질 심산인 것처럼 보였다. 그가 거래하고 있는 유통망도 3M 제품을 점차 줄여 나가 그나마 대리점을 통해 유통되어 온 3M 제품의 매출은 더욱 줄게 되었다.

하지만 3M 제품보다 질이 좋지 않은 제품을 판매하던 윤호실업은 결국 소비자들의 불평과 반품 등으로 점차 눈에 띄게 매출이 줄기 시작했다. 그리고는 결국 3M 제품의 판매권을 포기하는 단계에 이르렀던 것이다. 변 사장은 말없이 자신의 패배를 인정했고, 나는 힘겨운 싸움에서 얻은 달콤한 승리감을 맛볼 수 있었다.

지금도 윤호실업은 있다. 물론 3M 제품이 아닌 정전기 방지 제품을 팔고 있다. 변 사장도 가끔 나에게 전화한다. 그 일 이후, 우린 서로 격려해 주는 사이가 되었다. 나보다 나이 많은 사람이었지만 나를 사업의 적수로 인정해 준 변 사장이 지금도 가끔은 그립다. 당시는 서로 반목하기도 했지만 지금 생각해 보면 멋진 한판의 승부였고, 그도 멋진 사업가였다는 생각이 든다.

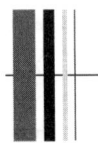

일하다가 서러워
눈물을 펑펑 쏟아 본 적 있는가

내 자신이 너무 한심스러웠다.
뭐 하려고 내가 여기까지 왔나 하는 생각이 들자
갑자기 서러움이 북받쳤다.
나도 모르게 눈물이 쏟아졌다.
참으면 참을수록 더 쏟아졌다.

나는 항상 웃는 사람이다. 늘 싱글벙글한 내 얼굴을 좋아하는 사람이 많다. 그래서 주위에선 내가 눈물을 흘린 적이 있다는 사실에 대해 믿지 않는다. 그러나 나도 일하다가 서러워서 눈물을 펑펑 쏟아 낸 적이 있다.

3M에 입사하고 나서 2년쯤 지난 어느 날이었다. 전화 교환기를 만드는 OPC의 계열사 OTELCO라는 회사에 카트리지 백업 드라이브 영업을 나갔을 때였다. 처음 나가는 곳이어서 미리 모 중역에게 전화도 하고 브리핑할 준비도 하는 등 만반의 준비를 갖추었다.

그러나 막상 사무실에 들어가 그 중역을 만나 보니 내가 예상했던 상황이 아니었다. 대뜸 그는 "보증 수리 계획을 밝혀라", "도대체 3M이 뭐하는 회사냐", "납품 계획도 다시 생각해 봐야겠다"며 내가 말만 하면 꼬투리를 잡아 인격적인 모욕을 주는 것이 아닌가.

말도 되지 않는 이유를 달며 캐묻는 그를 보고 있자니 내 자신이 너무 한심스러웠다. 뭐 하려고 내가 여기까지 왔나 하는 생각이 들자 갑자기 서러움이 북받쳤다. 나도 모르게 눈물이 쏟아졌다. 참으면 참을수록 더 쏟아졌다. 지금 생각해 보니 참 순진했던 것 같다. 하지만 당시엔 정말 심각했다.

갑자기 내가 울음보를 터뜨리자 그 중역은 이게 무슨 일인가 싶어 어쩔 줄을 몰라 허둥댔다. 나를 달래기도 하고, 그저 멀뚱히 나를 쳐다보기도 했다.

황당한 경우를 당해서 그런지 그는 3M 제품을 납품받기로 그 자리에서 약속해 주었다. 나중에 알고 보니 거래선을 터 주는 조건으로 그는 나에게 약간의 돈을 원했던 것 같았다. 나는 그것도 모르고 내게 왜 모욕을 주는가 싶어 그 앞에서 울어 버렸으니, 그가 오히려 난처한 상황에 빠졌던 것이다. 지금 생각해 보면 웃음이 나오지만 내겐 처음이자 마지막으로 울어 본 소중한 기억으로 남아 있다.

그래서 나는 새롭게 직장생활을 시작하는 분들에게 영업 즉, 세일즈라는 보직을 선택하라고 권하고 싶다. 세상에 세일즈보다 좋은 직업은 없다고 생각하기 때문이다. 세일즈는 사람을 상대하는 직업이다. 결코 쉬운 일은 아니다. 세일즈는 자신과의 싸움에서부터 시작된다. 그리고 다음은 사람의 벽을 넘어야 한다. 그때부터 고난이 시작된다.

나는 예전에 눈물을 흘려 보았기에 지금은 웃으면서 일할 수 있는 것이다. 고난만큼 좋은 학습은 없다고 생각한다.

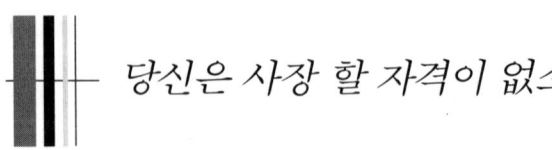

당신은 사장 할 자격이 없소

나는 여기서 멈춰서는 안 된다고
강력하게 사장에게 항의했다.
회의 첫날부터 우리는 앙숙이었다.
누구 하나 말려 주는 사람이 없었고,
의견을 보태는 사람도 없었다.

사업이 안 되고, 내가 해명서를 보내고, 주위 동료들이 이 상한 시선으로 나를 보는 것들은 참을 수 있었다. 그러 나 최고경영진이 나를 불신하는 것은 도저히 견딜 수 없었다.

나를 아껴 주던 보리스 까푸만(한국명 곽부만) 사장이 임기를 채 우고 프랑스로 돌아가자 미국인 짐 그레고리(Jim Gregory) 사장 이 후임으로 들어왔다. 그는 군인 출신으로, 한국인 상사보다 더 권위적이었고 게다가 자존심이 무척이나 강하고 똑똑한 사람이었 다. 한 번 아니면 끝까지 아닌 그런 부류의 사람이었다.

짐 그레고리 사장은 한국 3M의 핵심 사업은 디스켓 사업이 아 니라는 확신을 갖고 있었다. 디스켓 사업의 전망에 대해 부정적이 었다. 이렇다 보니 나와 마찰이 생기지 않을 수 없었다. 다행히도 그레고리 사장이 취임한 해부터는 20%가 넘는 흑자가 나면서 암

울하던 디스켓 사업에도 햇볕이 비추었지만 그는 이런 성과를 인정하지 않았다. 아니, 일부러 피하는 듯한 태도였다.

첫 만남부터, "투자한 것도 있으니 당장 사업규모를 줄이지는 않겠지만 더 이상의 지원은 없다."는 뜻을 내게 강조했다. "미국도 디스켓 사업이 어려운 판에 한국은 말할 것도 없다. 따라서 투자규모를 서서히 줄여 간다." 이것이 신임 사장의 정책 방향이었다.

나는 여기서 멈춰서는 안 된다고 강력하게 사장에게 항의했다. 회의 첫날부터 우리는 앙숙이었다. 누구 하나 말려 주는 사람이 없었고, 의견을 보태는 사람도 없었다.

외국계 기업은 사장이 항상 오픈 마인드로 직원들의 의견을 경청하고 존중하는 것으로 알려져 있지만, 천만의 말씀이다. 한번 밉게 보이면 아무리 잘해도 출세할 수 없다. 상사에게 잘 보이고 점수 따는 것에 외국계 기업이라고 예외는 아니었다. 더 심하면 심할까. 이런 분위기에서 내가, 그것도 한국 법인 사장에게 과감하게 덤비자 주위에선 모두 거품을 물고 나의 행동에 놀라워했다.

정작 이러한 내 행동에 더 놀란 사람은 그레고리 사장 본인이었다. 어디서 감히 일개 과장이 사장의 정책에 두손 들고 반대 의사를 표하는지 이해할 수 없다는 표정이 역력했다. 사실 미국에서는 이렇게 하면 완전 해고감이었다.

그레고리 사장은 회의 시간에 나에게 이렇게 소리쳤다.

"전무들도 꼼짝 못하고 내 말을 듣는데, 당신은 일개 과장으로 나에게 대드는가!"

사무실의 분위기는 그야말로 한겨울에 차가운 물을 끼얹은 듯 조용하고 냉랭했다. 하지만 나는 가만히 있지 않았다. 나는 아예 얼음물을 끼얹었다. "두고 봐라. 내가 맞다. 당신은 사장이면서 어떻게 미래 시장의 성장 가능성에 대해 모를 수 있는가. 당신은 사장 할 자격이 없다."라고.

회의를 하자는 것인지 서로 싸우자는 것인지 알 수 없는 분위기였다. 서로 침을 튀겨 가며 주장을 해대는데, 끝나지 않을 싸움을 하는 셈이었다.

회의가 끝난 뒤 나는 아예 사장과 등을 질 심산으로 미팅이 있을 때면 번번이 빠져 버렸다. 휴가를 가 버리든지 일을 핑계로 사무실을 나간다든지 하면서 첨예하게 대립해 나갔다. 무려 6개월 간 서로 아무 말도 하지 않았다. 말이 6개월이지, 인내력을 시험하는 피 말리는 게임이었다.

나는 짐 그레고리 사장에게 지지 않으려고 엄청나게 공부하고 현장을 뛰어다녔다. 내 인생에 그렇게 술 많이 마시고, 공부 많이 한 적은 이전에도 없었고 이후에도 없었다. 위장병도 그때 얻었다. 그러나 나는 오로지 이겨야겠다는 생각만 했다.

내가 기 싸움에서 이기기 시작했는지 "이런 식으로 사업을 할 거면 본국으로 돌아가라."는 나의 무언의 메시지에 괄괄하던 사장도 점차 마음을 고쳐먹기 시작했다.

사장 마음속에 슬슬 "이 친구가 뭘 갖고 이렇게 자신만만하게 행동하나." 하는 의문이 들기 시작하자 그레고리 사장은 나에게 휴전 제의를 해 왔다. 63빌딩 뷔페 식당에서 저녁을 함께하자는 메시지였다. 그곳에서 그는 나에게 다른 말 한마디 없이 "열심히 하라"고만 했다. 그리곤 씩 웃어 보였다.

결국 국내 컴퓨터 보급이 활기를 띠면서 디스켓 사업도 함께 뜨기 시작했다. 3M이라는 잘 알려져 있지 않은 브랜드를 가지고 대기업인 SKC와 금성사를 물리치고 우리가 디스켓 시장 점유율 1위 고지를 점령했을 땐 정말이지 하늘을 나는 듯한 기분이었다.

내 예측이 맞은 셈이었다. 결과가 명쾌하게 나의 손을 들어 주었다. 미국의 디스켓 산업이 하향곡선을 그리고 있는 그 시기에 국내 시장은 그렇지 않다는 것을 나는 현장 경험을 통해 알고 있었고, 이를 배경으로 짐 그레고리 사장과 맞붙을 수 있었던 것이다.

그레고리 사장은 임기를 마치고 본국으로 돌아갈 때 내 앞에서 눈물을 글썽이면서 작별인사를 했다. 그는 "당신 같은 사람은 처음 본다."며 알 듯 말 듯한 미소를 남기고 미국행 비행기에 올랐다. 나도 그 앞에서 눈물을 글썽였다. 처음엔 나를 인정해 주지 않던 보스였지만 나와의 싸움에서 나를 정당한 파트너로 인정해 주고 결국 결과에 대해 깨끗하게 인정해 주었던 것이다.

그는 지금 3M의 최고경영진에 있다. 그가 미국 본사에서 인정을 받을 수 있는 이유는 승패에 깨끗이 굴복할 줄 아는 호인다운 풍모 때문일 것이다.

우리는 미국의 경영자들에 대해 편견과 오해를 갖고 있다. 과연 미국식 경영은 우리 사회에 어떤 표본이 될 수 있을까.

외환위기 이후 IMF 관리 체계가 시작되면서 경제와 사회의 규범이 개선되어야 한다는 논의가 있었다. 우리의 사업관행이나 비즈니스 행태 등을 모두 미국식으로 바꿔야 하는가,라는 자조적인 탄식도 나왔다. 하지만 이 말에는 상당한 오해가 깔려 있다.

먼저 우리 사회와 경제 및 기업의 경영관행에는 상당한 부조리와 비합리적인 요소가 존재하며, 동시에 정경유착 등으로 부정부패의 고리까지 끼여 있었다. 그러나 우리가 진정으로 이 위기를 이겨내고 세계 선진국이 되기 위해 새롭게 창출해야 하는 표준규범을 만드는 것과 미국식 규범과는 별개의 것이다.

미국 기업은 조직 구성이 모두 수평적으로 평등하게 운영되는 것처럼 보이지만, 우리가 외부에서 보는 것과 다르게 미국 경영은 철저하게 보스 중심의 조직이다. 미국은 경영자 자본주의 방식 위주인 관계로 당연히 회사의 최고경영자(CEO)는 상상을 초월하는 권한을 행사하여 경영을 한다. 톱(Top)다운 방식의 미국 조직의 매니저는 업무에 대한 권한뿐 아니라 인사권까지 동시에 갖고 있어 부하 직원들이 좋은 관계를 맺기 위해 많은 노력을 한다.

조직 내의 네트워크도 중요하다. 우리는 지연, 혈연, 학연 등으로 이루어지지만 미국 기업에서는 능력 있고 경영철학이 비슷한 자기 사람을 밀어 준다. 스폰서가 누구냐에 따라서 출세 가도가 달라진다. 그래서 간혹 회장 한 사람이 바뀔 경우 수십 명의 중역이 회사를 떠나는 경우를 볼 수 있다.

미국 사회와 기업은 열린 문화 속에서 성장해 온 관계로 토의와 토론이 활발하다. 그러나 회사 내의 회의석상에서 많은 미국 매니저들이 상사의 입을 자주 쳐다본다. 말은 많이 하지만 말조심을 해야 하는 미국 문화의 소산일 것이다.

미래 지향적 사고로 보면 세상에는 미국식, 일본식, 한국식 경영 기법으로 단순히 구분하는 것은 아무 의미가 없다. 그보다는 어떠한 경영기법이 세계 최고의 방식이며 최대의 가치 창조를 할 수 있느냐 하는 선택과 안목이 필요할 뿐이다.

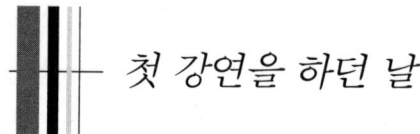

첫 강연을 하던 날

김 소장이 나에게 마케팅 강의를
한번 해보라고 권유했다. 물론 처음엔 주저했다.
이제 막 마케팅에 대해서 알아 가고 있는 단계에서 강의라니.
하지만 나는 사실 무엇인가 새로운 것을
해볼 수 있다는 데서 묘한 흥분감을 느꼈다.

기회란 참 우연히 찾아오는 것 같다. 전혀 예상치 못한 곳
에서, 혹은 전혀 예상치 못한 의외의 사람에게서 나의 앞
길을 풀어내 주는 기회가 툭툭 불거져 나올 때면 희열을 느낀다.
우연도 사람이 만드는 것이라고 생각하지만, 기회라는 이름의 우
연은 밤새 소리 없이 앞마당을 하얗게 덮어 놓는 눈처럼 말없이 왔
다가 어느새 사라지곤 한다.

일개 세일즈 마케팅 담당 과장이었던 내가 수많은 중소기업인들
과 대기업 간부사원들 앞에서 강의할 기회를 얻었던 것은 정말 우
연이었다. 한국생산성본부(KPC)에서 강의를 하게 되었는데, 이곳
은 산업자원부 관할의 정부출연 연구기관이었다.

지난 89년의 일이었으니 벌써 10년이 넘은 셈이다. 당시 오리콤
이라는 광고회사에서 AE로 있던 김훈철 소장(현 M&A 컨설팅 소

장)이 강의를 하기로 되어 있었지만, 부득이한 사정으로 펑크를 내는 바람에 내가 맡게 되었다. 김 소장은 내가 예전부터 알고 있던 사람이었는데, 마케팅과 세일즈에서 많은 도움을 받았던 고마운 분이었다. 나와는 3M과 오리콤이라는, 그러니까 광고주와 광고회사로 만난 인연이었지만 단지 사업적인 파트너라기보다는 내가 마케팅 스승으로 모실 만한 실력을 갖추고 있어 자주 찾았던 사람이었다. 이분은 또한 3M이 90년대 초반 디스켓 사업부문에서 부동의 시장점유율 1위를 달렸던 SKC를 제치고 최고의 고지를 쟁취하는 데 일조를 했던 사람이었다.

이런 김 소장이 나에게 마케팅 강의를 한번 해보라고 권유했다. 물론 처음엔 주저했다. 이제 막 마케팅에 대해서 알아 가고 있는 단계에서 강의라니. 하지만 나는 사실 무엇인가 새로운 것을 해볼 수 있다는 데서 묘한 흥분감을 느꼈다.

흔쾌히 승낙하는 데는 김 소장의 격려도 한몫 했다. 그는 나에게 이제 충분히 마케팅에 대해 강의할 수 있으니 한번 해보라고 적극 권유했다. 그때부터 나는 일주일 밤낮을 온통 강의 준비에 매달렸다. 그날 내가 무슨 말을 했는지 지금은 기억나지 않지만, 정말 열심히 준비했다는 기억은 또렷하다.

이렇게 해서 강의를 해 온 것이 벌써 11년째다. 오랫동안 강의를 하다 보니 노하우가 쌓여 이젠 국내 굴지의 삼성그룹이나 LG그룹과 KAIST 경영대학원에서 최고의 대우를 받으며 강의한다. 이 모두가 기회를 흘려 버리지 않은 그때의 선택 덕분이 아닌가 한다,

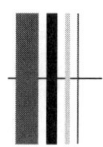

1천만 원짜리 강연자는 없는가

1천만 원짜리 강사가 없다면
1천만 원짜리 청중도 없는 셈이다.
강연자나 청중 모두 싸구려로 팔리는 사회가
우리의 현주소이다.

강연자로 이름이 좀 알려지다 보니 여기저기서 강의 요청이 심심치 않게 들어온다. 사실 일하면서 강의 준비를 하기란 쉽지 않다. 때문에 정중하게 거절하지만, 거듭되는 요청을 끝까지 거부하기란 쉽지 않다.

그래서 머리를 짜 낸 것이 국내 최고의 강연료를 요구하는 방법이었다. 어느 누구도 받아 보지 못한 강연료를 부르고 나면 웬만한 기업체는 알아서 포기한다.

하지만 그럼에도 나를 초빙하는 업체는 있다. 이 업체를 위해 나는 100분의 강연을 위해 며칠을 두고 고민한다. 평소에도 아이디어가 생각나면 메모해 두었다가 강의 자료로 활용한다. 말하자면 나의 가치를 인정해 준 곳에는 최선을 다하겠다는 다짐이다.

이러다 보니 내 강의를 들은 업체들은 거의 만족한다. 삼성생명에선 내 강의를 들은 뒤 만점 평가를 내주었다고 한다. 내가 받은 평가는 '삼성생명 역사상 처음'이었다는 것도 뒤늦게 알았다. 쑥스러운 과찬이었다고 생각하지만, 반대로 나의 가치와 노력을 알아주는 듯해 마음 한켠으로는 뿌듯했다. 곤지암에 있는 애경 연수원에서는 내 강의 평가를 5점 만점에 4.8점을 주기도 했다. 비누 제조회사로만 알고 있었던 애경은 마리 끌레르라는 브랜드로 화장품 시장에서 돌풍을 일으키며 몇 년 만에 업계에서 3~4위권에 진입했던 기업임을 뒤늦게 알았다. 그 주역의 자리에는 마케팅의 귀재인 조서환 상무가 버티고 있었다. "일은 사람이 한다"는 말이 더욱 실감났다.

이처럼 한창 성장하는 기업답게 애경 연수원에는 내가 존경하는 교수들과 각 분야의 뛰어난 전문가들이 강연을 하기 위해 다녀갔지만, 내가 받은 평점이 지금까지 제일 높았다며 한 임원이 슬쩍 귀띔해 주었다. 5점 만점에 4.8점이라고 했다. 역시 기분 좋은 칭찬이었다.

사실 국내 강연자들의 대우를 보면서 안타까운 생각이 든 적이 한두 번이 아니다. 국내 기업은 강연자에 대한 대우를 굉장히 소홀히 하는 편이다. 강연자가 갖고 있는 지식과 경험에 대한 평가가 인색하다. 배순훈 전 과학기술부 장관도 국내 강연자에 대한 빈약한 대우에 실망을 느낀 적이 한두 번이 아니었다고 고백한 적이 있다.

국내에 1천만 원짜리 강사가 있는가. 없다. 떳떳하게 1천만 원을 요구하는 강연자도 없다. 자연히 1천만 원짜리 강사가 키워지지 않는다. 1천만 원짜리 강사가 없다면 1천만 원짜리 청중도 없는 셈이다. 강연자나 청중 모두 싸구려로 팔리는 사회가 우리의 현주소이다.

미국은 어떤가. 하버드 대학의 마이클 포터 교수는 시간당 약 7천만 원을 받는다. 현대 경영학의 태두라고 불리는 클레어몬트 대학의 명예교수인 피터 드러커, 컨설턴트로 유명한 톰 피터스 박사 등 미국을 대표하는 지성인들의 강연료는 상상을 초월한다. 이런 토양 위에서 이들이 태어난다. 미국은 앞으로도 이런 스타들이 많이 배출될 것이다. 이들에 의해 혜택을 입는 것은 자국민들이며 동시에 이들에게 높은 가치를 인정해 준 청중들이다.

국내의 상황은 어떤가. 두세 시간 강연에 30만~50만 원 받으면 많이 받는 셈이다. 1백만 원이면 슈퍼울트라급 강연자다. 삼성그룹 정도는 돼야 그나마 이만큼 줄까, 다른 곳에선 이런 대접도 받지 못한다.

어떤 곳은 심지어 본인을 알리는 기회가 되지 않았느냐며 아예 강연료를 주지 않는 경우도 있다고 한다. 한마디로 우리는 브레인웨어를 인정하지 않는다. 말로는 두뇌 21이니, 두뇌한국이니, 지식사회니 하면서도 지식과 지혜를 갖춘 인물들에 대한 대접은 엉망이다.

30만 원짜리 강연은 다시 말하면 연사의 등급이 30만 원짜리라는 얘기도 되지만, 듣는 청중들도 30만 원짜리 인생이라는 반증도된다. 이런 풍토 속에서 1천만 원짜리, 1억 원짜리 강연 내용을 기대하는 것은 불가능하지 않을까. 가치를 인정하고 그만한 대접을 해줘야 그만한 값어치의 말이 나오는 것을 왜 기업체들은 모르는 것일까. 로비나 접대비로는 수백만 원씩을 탕진하면서도 정작 중요한, 그리고 여러 사람에게 도움이 되는 강연에는 소주 한잔 값

정도만 지출한다면 이 기업의 가치는 뻔하지 않은가. 국내 어느 기업이든지 강연료로 1천만 원을 지출하는 기업이라면 21세기에 주목받는 기업이 될 것이다. 미국이 달리 21세기를 주도할 수 있는 국가로 인정받는 것이 아니다. 한 사람의 입과 머리에 1억 원을 쓰기 때문이다.

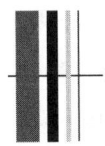

세상은 꿈꾸는 자의 것이다

세상은 꿈꾸는 자의 것이다.
꿈이 있다는 것은 즐거움이다.
삶이 충만해지는 일이고, 가슴 벅찬 일이다.
꿈은 고여 있음이 아니라 흐름이다.
고정 불변의 꿈은 꿈이 아니다.
끊임없이 변화하려고 하는 사람은 꿈이 있는 자다.

공부 잘하는 꿈, 서울 가는 꿈, 대학 가는 꿈, 미국 가는 꿈, 인터내셔널 매니저가 되는 꿈, 최고경영자가 되는 꿈, 경영에 도가 트는 꿈, 강연의 일인자가 되는 꿈, 디지털시대의 일인자가 되는 꿈……. 내가 세상에 태어나서 지금까지 꾸었던 꿈들이다.

초등학교 때는 워낙 공부를 못해서 공부 잘하는 꿈을 많이 꾸었다. 그랬더니 중학교 1학년 때 전교에서 1등을 할 수 있었다. 초등학교 성적이 형편없던 것을 생각해 보면 어떻게 전교 1등을 했는지 신기할 정도다.

고등학교 땐 서울에 있는 대학에 가서 공부를 하고 싶었다. 내가 살던 포항이 작게만 느껴졌던 때였다. 대학을 졸업하고 직장에 들어가서는 미국 가는 꿈을 꾸었다. 좀더 넓은 세상에선 어떤 사람들이 어떻게 사는지 궁금했다. 열심히 일하다 보니 미국에서 근무도 하고 공부도 할 수 있는 기회를 얻게 되었다. 회사에서 특별히 나를 미국으로 출장 보낼 이유를 발견하지 못해 망설일 땐 내가 스스로 나서서 이유를 만들었다.

내가 3M에서 인터내셔널 매니저가 되겠다고 했을 때, 선배들은 상당히 부정적이었다. 한국 사람으로서 이 직위까지 올랐던 사례가 없었기 때문이었다. 우리는 으레 그런 줄 알고 있었다. 나는 다시 꿈을 꾸기 시작했다. 인터내셔널 매니저뿐 아니라 사장도 되게 해달라고 빌었다.

결국 내가 꾼 꿈은 모두 이루어졌다. 내가 일하고 있는 이메이션(Imation)이 지난 해 미국 경제 전문지인 포춘(Fortune) 지에서 컴퓨터 저장 분야 3위에 올랐고(설립된 지 3년 만에 이 같은 실적을 올린 사례는 찾기 힘들다), 타 업체에서의 내 경영 강연에 최고의 평가를 해주고 있으니 경영에 도가 트고 싶다는 꿈은 착실하게 이루어지고 있는 셈이다.

마지막으로, 디지털시대 1등 경영자가 되고 싶다는 꿈도 지금은 시작점에 있지만 언젠가는 이루어질 것으로 믿는다.

세상은 꿈꾸는 자의 것이다. 꿈이 있다는 것은 즐거움이다. 삶이 충만해지는 일이고, 가슴 벅찬 일이다. 꿈은 고여 있음이 아니라 흐름이다. 고정 불변의 꿈은 꿈이 아니다. 끊임없이 변화하려고 하는 사람은 꿈이 있는 자다. 그래서 우리 샐러리맨들이 "나는 내 꿈이 있다!"고 소리치길 바란다. 나를 발견하면서 나를 중심에 두고 남을 네트워크로 묶어 서로 함께 성장하는 꿈을 꾸길 진심으로 바란다. 항상 꿈꾸는 사람만이 세상을 가질 수 있다.

00000100000111010110000000000100

01100000100000111010110000000000100 00

10101100000100000111010110000000000100

3장

미래경영

형에게 배우지 말고
아우에게 배워라

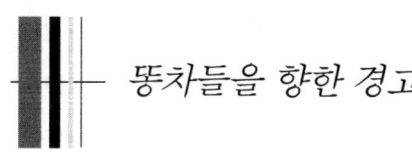

똥차들을 향한 경고

젊은 사람과 어울리면 더 잘살 수 있는 시대다.
동생과 후배들에게 점심이라도 사 주면서
그들의 장점과 지식을 배울 수 있는 '젊은 오빠들'이라면
충분히 이 시대를 앞서갈 수 있다. 그렇게 하지 않고
큰소리만 치는 '늙은 오빠들'이 문제다.

막내로 자란 나는 어렸을 때부터 어머니에게 숱하게 들어 온 말이 있다. "형에게 배워라", "형들하고 놀아라"……. 아무래도 세상을 좀더 살아 본 형들이 삶의 지혜를 갖고 있을 테니 사귀다 보면 배울 것이 많다는 얘기였으리라. 형만한 아우가 없다지 않는가.

모든 일이 순차적으로 진행되는 20세기 아날로그 시대에는 형만한 아우가 없다는 말이 옳았다. 먼저 태어나 경험한 우리 선배들은 먼저 태어났다는 이유로 지식을 독점하고 배타적으로 분배했다. 그렇기 때문에 회사는 연공 서열에 따라 직급을 나누었고, 연봉을 차별화했다.

그러나 21세기에도 부모들이 형에게 배우라는 말만 한다면 문제가 있다고 생각한다. 20세기가 순차적이고 평면적인 사회였다면,

21세기는 입체적이고 다면적인 사회가 될 것이다. 이젠 중학생도 대기업 기획부장이나 이사에게 경영조언을 해줄 수 있는 시대다. 실례로 최근 중학교에 다니는 학생이 유명 인터넷 기업에 여러 가지 기발한 사업 아이템과 파이낸싱에 대해 조언을 했다고 해서 떠들썩하기도 했다. 결국 그 기업은 그 학생을 초빙해서 아이디어를 열심히 들었다고 한다. 인터넷을 통한 정보의 공개화 덕분에 가능한 일이었던 것이다.

나이 먹은 사람들에게는 미안한 얘기지만, 나이를 먹을수록 손해 보는 사회가 바로 지식공유 사회다. 발빠르게 변해 가는 지식을 순발력 있게 따라가자면 여러 가지 디지털 도구들을 사용할 줄 알아야 하는데, 나이를 먹을수록 그걸 배우는 속도가 느린 걸 어쩌랴.

하지만 너무 걱정하지는 말자. 젊은 사람과 어울리면 더 잘살 수 있는 시대다. 동생과 후배들에게 점심이라도 사 주면서 그들의 장점과 지식을 배울 수 있는 '젊은 오빠들'이라면 충분히 이 시대를 앞서갈 수 있다. 그렇게 하지 않고 큰소리만 치는 '늙은 오빠들'이 문제다. 젊은이들이여, 기죽지 말고 이런 똥차들에게 끊임없이 경고하라. 변화하지 않으면 죽는다고!

동생에게 배우라는 얘기는 이제 축적의 시대가 아니라 공유의 시대가 되었음을 뜻한다. 이제까지 혼자 쌓아 놓은 경험만으로 자신만이 크는 시대는 지났다. 자신의 지식을 여러 사람과 공유해야 성장할 수 있다는 시대의 흐름에 순종해야 한다. 이를테면 내가 10억 원을 버는 것보다 열 사람에게 10억 원씩 버는 방법을 가르쳐서 이들에게 1억 원씩 받는 것이 훨씬 쉽고 실현 가능성도 크다.

우리 동생들은 충분히 공유할 준비가 되어 있는 사람들이다. 이들은 정보의 바다를 헤쳐 갈 수 있는 유연성을 갖추고 있고, 항해하면서 얻은 정보를 남과 공유하려는 나눔의 정신도 갖추고 있다. 나누었던 사람이 받을 줄도 안다. 이들에게 오히려 형님, 하면서 배워야 할 정신은 이런 공유와 나눔의 정신이다.

이젠 60대 사장이 30평 아파트에 살고, 30대 대리가 60평 아파트에 사는 시대가 온다. 30대 대리와 60대 사장의 차이점은 정보를 공유할 줄 알고 정확한 정보를 아는지의 차이다. 다시 한번 강조하고 싶다. 동생에게 배워야 성공한다. 역으로, 이런 동생도 또 다른 동생에게 배우지 않으면 밀릴 것이다. 이렇게 되면 세상은 더욱 젊게 변할 것이다.

미래를 예측하려면 미래를 창조하라

우리 기업은 그 동안
단기간에 고속성장을 이루기 위해
남의 것을 그대로 베끼는 것에 골몰했다.
그러나 이젠 공급자 위주가 아니라
소비자 위주로 경영활동이 재편되고 있다.
결단의 시기가 온 것이다.

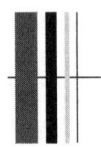한 때 실내 낚시터가 유행한 적이 있었다. 한 집 건너 실내 낚시터가 생겨나더니, 결국 모두 망하는 비극을 겪었다. IMF가 한창 샐러리맨들을 괴롭힐 때는 조개구이점이 술집 문화에 새로운 바람을 일으켰다. 값싼 안주에 소주 한 잔이 인기를 끌면서 조개구이점은 엄청나게 늘어만 갔다. 그러나 1년도 채 안 되어 조개구이점을 찾아보기가 힘들게 되었다. 다 어디로 간 것일까.

이렇듯 남이 잘된다면 생각도 없이 너도나도 이 대열에 끼는 이유는 우리 기업문화가 상호보완적인 사업을 하기보다는 잘되는 남들을 무조건 따라 하기 때문이다. 보고 베끼는 풍토는 대기업군도 마찬가지다. 뭐 하러 힘들게 위험을 무릅쓰고 새로운 분야로 개척해 들어가느냐, 다른 회사가 해서 성공한 분야에 진출하면 최소한 반은 성공할 수 있다는 그릇된 인식이 모두 함께 망하는 결과를 가

져오는 것이다. 최근 벤처기업에서 부는 열풍도 이와 크게 다르지는 않다. 사업영역은 물론이고 회사 이름조차 엇비슷하다. 하지만 거품이 빠지고 나면 남게 되는 건 역시 붕괴뿐이다.

기업활동이란 창의와 혁신을 통해서 새로운 부가가치를 지속적으로 창출하는 연속적인 행위다. 보고 베끼면 영원히 3등, 4등은 할 수 있을지 모르지만 1등은 할 수 없다. 그대로 모방하는 전략은 말초적인 움직임에 불과하다. 경영전략의 우월성과 핵심기술에 대한 투자, 그리고 신제품 개발보다는 관리 운영상의 성공에만 매달리는 조직은 성공할 수 없다. 자연히 쥐어짜는 관리 체계가 보편화되면 조직에는 리더가 아니라 감시, 감독하는 사람들로 넘치게 되고, 일선 조직은 상부 조직의 눈치만 보고 일하는 형태로 변환된다. 경영은 통제가 아니다. 경영은 항상 새로운 지식과 정보의 흐름을 자유롭게 유지하면서 미래 가치를 창조해야 한다.

사실 경영보다는 통제나 관리가 훨씬 쉽다. 경영자나 샐러리맨 모두에게 그렇다. 창의와 혁신은 무에서 유를 창조하는 것이다. 모방하는 작업은 쉽다. 누구나 할 수 있으니 실패의 위험도 적다. 그러나 모방의 타성에 젖어들면 빠져나오기 힘들다. 현재 한국과 일본의 대기업들이 이 덫에 빠져 있다고 본다.

경영이 문제 해결에만 집착해 과거에만 매달려서는 곤란하다. 오히려 미래 기회 창조의 역동성을 유지해야 한다. 우리 기업은 그 동안 단기간의 고속성장을 위해 남의 것을 그대로 베끼기에 골몰했다. 그러나 이젠 공급자 위주가 아니라 소비자 위주로 경영활동이 재편되고 있다. 결단의 시기가 온 것이다. 변화인가, 아니면 도퇴인가. 나는 개인적으로 한국기업의 성공적인 변신에 패를 걸고 싶다.

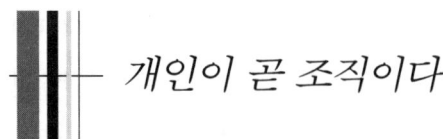

개인이 곧 조직이다

기존 조직 틀을 파괴하는 변혁이 필요하다.
조직파괴 과정에서 우리가 무시했던
개인의 역량, 혁신적 창의와
독창의 정신에 불을 지필 수 있다.

인류역사를 되돌아보면 혁신이나 발명은 집단보다는 개인의 기발한 생각이나 영감으로 이루어졌음을 깨닫게 된다. 어려운 예를 들지 않더라도, 컴퓨터와 금융산업에서 수만 명의 평균적인 사람이 일하는 조직보다 빌 게이츠나 조지 소로스 같은 혁신적인 지력을 가진 한두 사람이 오히려 경쟁에서 이길 수 있음을 우리는 보았다. 한 명의 천재가 10만 명을 이끌고 간다는 모 재벌 그룹 회장의 말도 이런 시대의 흐름을 다시 한번 확인시켜 주고 있다.

우린 지금까지 개인이 조직보다 열등하다는 생각을 갖고 살았다. 산업사회에서 개인은 조직의 부품이었던 것이 사실이다. 그러나 이젠 한 사람의 혁신적인 사고가 쓰러져 가는 조직을 일으켜 세우는 시대가 되었다. 개인의 아이디어가 비로소 가치를 인정받고 있는 것이다.

이젠 개선의 시대가 아니라 혁신의 시대다. 집단은 개선은 잘 하지만 혁신에는 약하다. 반면, 혁신에 강한 개인이 일어서면 사내에 다양한 변화들이 생동감 있게 펼쳐지고, 보수적이고 획일적인 조직이 바뀌기 시작한다. 이런 측면에서 개인이 조직의 축이 되고 으뜸이 되어야 하는 것이다.

이 시대를 앞서가기 위해서는 현재를 바꾸는 것보다 미래를 창조하는 것이 오히려 쉽다는 역발상에서 출발하는 자세가 필요하다. 기존 조직 틀을 파괴하는 변혁이 필요하다. 조직파괴 과정에서 우리가 무시했던 개인의 역량, 혁신적 창의와 독창의 정신에 불을 지필 수 있다.

개인 단위를 전체의 으뜸으로 만들고, 조직 틀을 가상 네트워크로 고쳐야 한다. 이 네트워크는 기존 조직의 획일성과 통제성을 단절함으로써 개인의 조직을 이루어 갈 수 있다.

미래의 지식 자본주의 시대는 개인 조직이 네트워크의 핵심요소로 부각된다. 개인은 무조건적인 희생보다는 자신을 성취하기 위해 일할 수 있으며, 패러다임의 개척자로서 일의 양보다는 질로 평가받는다. 결국 자신을 하나의 네트워크로 여기고 스스로 리더가 되면 자기 회사에서 전문경영인인 동시에 위대한 성취자가 될 수 있다.

이제 샐러리맨 개인은 회사에서 돈받고, 배우고, 즐기고, 모험하고, 성공의 희열과 실패의 고난 속에서 꿈을 펼쳐야 한다. 마치 프로 게이머처럼.

차별성의 시대를 넘어 유연성의 시대로

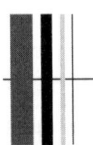

새로운 사상을 받아들이는 것은 내 몸에
수술용 칼을 들이대는 것처럼 끔찍한 일이다.
그래도 죽지 않으려면 바꿔야 한다.
그래도 싫다는 사람이 있다면
그냥 죽게 내버려 둬라.

차별화를 강조한 마이클 포터가 20세기 최고의 전략가라면 21세기엔 유연성을 강조한 새로운 전략가가 나와야 한다. 마이클 포터라는 컨설턴트는 한국에 왔을 때 시간당 6만 달러의 강연료를 받는 초특급 강사였다. 한 시간의 강연으로 웬만한 샐러리맨들의 1년 연봉을 받았던 인물이었으니 대단했다는 말은 오히려 왜소한 표현이 되겠다.

마이클 포터가 주장하는 강연의 핵심은 차별화, 초점화, 원가우위 등 세 가지로 압축된다. 특히 차별화에 관해서는 마이클 포터의 전략을 따를 사람이 없을 정도였으니 이 한 가지 개념만으로도 한 시간에 7천만 원씩 벌었던 셈이다. 지금은 차별화라는 개념이 보편화되었지만 포터가 이 개념을 내놓을 때만 해도 상당히 진보적인 단어였다.

차별화란 간단히 말하면 이런 것이다. 일식 요리를 전문으로 하는 A업체는 주위에서 가장 깨끗한 식당으로 유명했다. 청결한 인상을 주는 음식점은 고객들에게 좋은 반응을 얻을 수 있었고, 자연히 일식을 먹기 위해 사람들은 이곳으로 몰려들었다. 차별화에 성공한 것이다. 이런 음식점을 영어로 말하면 Order-Winner, 즉 주문을 받는 데 성공했다고 표현한다.

그러나 차츰 A일식집의 노하우가 주위에 알려지고, 다른 음식점 주인도 앞을 다투어 실내 장식을 깔끔한 분위기로 바꾸었다. 이제 더 이상 깨끗한 분위기는 차별화가 될 수 없다. 이런 경우 A일식집 주인이 예전 방식을 고집하고 마케팅 전략을 바꾸지 않는다면 다른 곳과 비교해 차별성이 없어 손님이 줄어들 수 있다. Order-Winner가 아니라 단순히 Order-Qualifier(주문을 받을 수 있는 자격)로 전락하는 것이다.

이렇듯 오늘의 차별성이 내일엔 비차별성으로 전락하는 것이 오늘날 기업환경이다. 더욱이 인터넷을 통한 정보 공개로 이웃집의 장사 노하우를 안방에서 알 수 있는 시대가 되었다. 그래서 오늘의 차별화를 내일로 가져가려면 사고의 유연성이 필요하다. 남들과 끊임없이 차별화되기 위해서는 흐르는 물처럼 유연해야 한다. A일식점 주인은 청결한 실내 분위기는 물론이고 회 맛을 내는 데 필수적인 주방장의 사시미칼을 최고급으로 사 주고, 손님들에게 이 사실을 알린다면 또 다른 차별화가 되는 셈이다.

고객들에게 결혼 기념일이나 생일에 축하카드를 보내고 있었다면 이젠 생일날 축하카드를 받고 싶어하는 고객들을 위해 꽃을 보낼 수 있어야 한다. 고객에 따라서는 인형을 받고 싶어하거나 책을 선물로 받고 싶은 사람도 있을 것이다. 이렇듯 다양한 고객들의 욕구를 파악해 대응하기 위해서는 기업과 개인이 1 대 1의 관계를 유지해야 한다.

요즘 외환은행에서 떠들어대는 1 대 1 서비스는 이런 방향을 잘 설명해 준다. "내 고객이 누구인가" 하는 질문은 내 고객에게 어떤 차별화된 서비스를 어떻게 유연하게 공급할 수 있느냐의 문제다.

그러면 이런 질문이 생긴다. 수많은 고객들을 상대하려면 수많은 직원들이 있어야 하지 않겠느냐고. 산술적으로는 그렇다. 그러나 공학이 발달하고 인터넷이 급속도로 확산되면서 이 문제는 해결이 되었다. 요즘 리바이스는 인터넷을 이용해 개인들의 체형이나 기호 등 방대한 데이터 베이스를 구축하고 있다. 고객들은 일일이 매장에 가지 않더라도 인터넷을 통해 리바이스 사이트에 접속해서 자신의 사이즈를 알려 준다. 필요하면 청바지에 넣는 문양도 주문한다. 어디에 구멍이 뚫렸으면 좋겠다는 주문도 가능하다. 나이키 웹사이트에서는 신발 뒤축에 이름까지 새겨 주고 있다. 이것이 바로 1 대 1 마케팅이 아니고 무엇인가.

21세기는 유연성(flexibility)이 지배할 것이다. 유연하려면 기존 관념을 버리는 것이 중요하다. 새로운 생각을 받아들이는 것보다 예전에 가지고 있던 관념이나 선입견을 버리기가 더 힘들다는 것은 경험해 본 사람만이 안다. 정말이다. 지금 당장 상사에게 앞으로 21세기는 형에게 배우는 시기가 아니라 동생에게 배우는 시기라고 설명해 봐라. 10명 중 9.9명은 코웃음을 칠 것이다. 혹은 이런 얘기를 하는 당신의 의도를 불순한 시각으로 볼지도 모른다.

앞으로의 세기는 무엇을 순차적으로 배우고 하는 시기가 아니다.

새로운 사상을 받아들이는 것은 내 몸에 수술용 칼을 들이대는 것처럼 끔찍한 일이다. 그래도 죽지 않으려면 바꿔야 한다. 그래도 싫다는 사람이 있다면 그냥 죽게 내버려 둬라.

유연해지려면 세상을 날마다 새롭게 보는 훈련이 필요하다. 이른바 제로 베이스 사고(Zero-based Thinking)이다. 뭐든지 처음 보는 듯이 볼 때 우리 사고는 유연해진다.

요즘 미국에서 최고로 인기 있는 컴퓨터 회사 중 하나인 델(DELL)이 좋은 사례가 될 것이다. 델이라는 컴퓨터 회사는 마이클 델이라는 젊은 창업주가 1984년에 단돈 천 달러를 가지고 세운 컴퓨터 회사였다. 회사를 세울 당시 델은 컴퓨터 관련 기술과 노하우로 따지면 IBM이나 HP, 컴팩을 따라잡을 수 없었다. 적어도 기술력에선 앞서갈 수 없는 것처럼 보였다.

그래서 마이클 델은 전혀 다른 방법으로 컴퓨터를 판매하기로 결심했다. 딜러망이 전혀 없었기 때문에 대리점이나 소매유통을 통하지 않고 직접 소비자에게 팔 수 있는 방법을 모색했다. 카탈로그나 전화, 팩스로 주문을 받고 배달하는 방식에 전적으로 의존했던 것이다. 아무것도 아닌 것 같지만 훌륭한 역발상이었다. 더구나 이 아이디어를 실행하기란 여간한 배짱 없이는 할 수 없는 것이었다.

델 사는 공급체인을 특화해 무재고 관리와 고객맞춤 PC로 쟁쟁한 컴퓨터 대기업들을 앞지를 수 있었다. 더구나 델 사는 컴퓨터 업계에서 가장 비용을 많이 차지했던 재고 관리 비용을 직접 판매를 통해 절감했던 것이다. 완전한 주문자 생산방식의 훌륭한 비즈니스 모델을 구축한 셈이었다. 게다가 델은 인터넷을 통해 고객이 원하는 사양과 선택사항을 마음대로 고를 수 있고 가격까지 맞출 수 있는 서비스를 제공하고 있다.

　유연한 사고를 갖춘 기업만이 고객의 필요에 발빠르게 대응할 수 있다. 오늘 본 것에 대한 평가는 오늘 잊어라. 내일은 전혀 다른 관점에서 그것을 바라볼 때, 새로운 가능성을 발견할 수 있다.

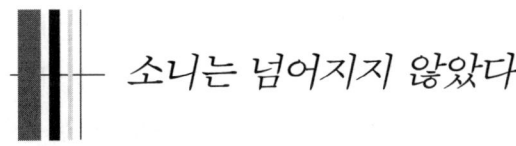

소니는 넘어지지 않았다

주위를 살펴보라.
세계적인 기업일수록 R&D 부서나 마케팅 부서에
A를 생각하는 연구원이 당당히 존재한다.
아침에 늦게 출근하는 기업이 망하는 것이 아니라,
생각하기를 게을리하는 기업이 망한다.

소니의 베타방식과 마쯔시다를 중심으로 한 VHS 연합군과의 치열한 싸움에서는 소니가 진 것으로 유명하다.

80년대 초반 마쯔시다(松下)와 JVC 빅터(Victor)의 VHS 방식과 소니의 베타방식(β)은 가정용 VTR 기기의 업계 표준 자리를 두고 경쟁했다.

소니의 베타방식 비디오가 기술적으로 훨씬 우수함에도 불구하고 결국은 VHS가 승리하고 말았다. 여러 가지 이유가 있겠지만 소니의 베타방식 비디오는 성인용 영화 제작을 금지했기 때문이라는 견해가 가장 유력하다. 소니로서는 모든 가족이 자유롭게 볼 수 있는 VCR을 표방해서 성인용 프로그램 제작에 난색을 표했고, 이로 인해 결국은 VHS에게 표준의 자리를 내주었다.

당시 언론은 마쯔시다 진영이 기술, 제품보다는 소비자의 제품에 대한 인식 또는 이미지에 주력해 소니를 눌렀다고 평했다. 아무리 세계 최고품질의 제품을 생산한다고 하더라도 소비자가 이를 인식하고 받아들여 주지 않으면 성공할 수 없다는 사례였다는 것이 학계와 언론의 시각이었다.

그러나 소니와 마쯔시다의 전쟁은 여기서 끝난 것이 아니었다. 소니는 다시 기술적으로 뛰어난 베타방식으로 방송용 비디오 카메라(Betacam SP)를 제작, 이 시장에서 80%의 시장 점유율을 달성했다.

특히 방송용 카메라는 워낙 고가인 데다 고도의 기술력을 필요로 하기 때문에 타 업체의 추적을 따돌릴 수 있었다. 마쯔시다는 이 분야에서 참패의 쓴맛을 봐야 했다. 기업간의 전쟁은 이처럼 끝이 없는 것이다.

소니와 마쯔시다의 전쟁에서 얻을 수 있는 교훈은, 기업의 성패는 제품의 연구와 개발보다는 어떻게 시장에 응용해 내놓느냐에 달려 있다는 점이다. 어느 기업이든 R&D부서가 없는 곳은 없다. R&D부서란 연구와 개발(Research and Development)부서를 뜻하는데, 어느 기업을 가 봐도 이 부서가 있다.

그러나 이젠 R&D부서만으로는 부족하다. 이 R&D부서에 A라는 부서활동이 추가되어야만 그 기업이 살아남는다. A는 창조적 응용(Application)을 뜻한다. 연구와 개발만으로는 안 된다. 이것을 가지고 어느 곳에 어떻게 적용해야 할 것인지를 고민하는 부서가 필요하다. CD를 개발한 기업이 이것을 음악용 CD에서 데이터 CD로 전환하는 안목이 없었다면, 깨끗하게 떨어지는 접착제를 가지고 포스트 잇이라는 걸출한 작품을 만들어 내는 응용력이 없었다면 세계적인 3M이나 필립스는 없었을 것이다.

주위를 살펴봐라. 세계적인 기업일수록 R&D부서나 마케팅 부서에 A를 생각하는 연구원이 당당히 존재한다. 아침에 늦게 출근하는 기업이 망하는 것이 아니라, 생각하기를 게을리하는 기업이 망한다. 벌써 시작됐다!

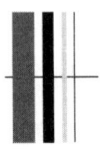

고객은 미래를 얘기해 주지 않는다

고객이 항상 정답은 아니다.
특히 하이테크 사업은 고객이 신상품의
성공 가능성을 전혀 알 수 없는 경우가 많다.
이런 경우 대부분이 다른 것을 원하는
고객이 있다는 사실을 간과한 경우가 많다.

하드디스크 드라이브 분야에서 경쟁한 시게이트사와 코너사의 사례. 개인용 컴퓨터가 처음 등장할 당시 하드디스크 드라이브는 8인치짜리가 대부분이었다. 점점 드라이브의 크기가 줄어들면서 지금은 노트북용으로 3.5인치 드라이브도 나와 있다. 하드디스크 드라이브 생산에서 미국의 시게이트사는 시장 점유율 1위를 차지할 정도로 막강한 기업이었다.

시게이트사는 8인치 드라이브를 5.25인치로 크기를 줄이는 등 끊임없이 경쟁자들을 따돌리고 있었다. 이럴 즈음, 시게이트사는 경쟁자인 코너사가 3.5인치 드라이브를 개발하고 있다는 정보를 입수할 수 있었다. 당황한 시게이트사는 우선 시장 조사를 해보고 3.5인치 드라이브를 생산할 것인가의 여부를 결정하기로 했다. 당연한 수순이었다. 고객의 요구는 언제나 시게이트사의 방향타 역할을 했기 때문이었다.

시장 조사를 해보니 결과는 아직 3.5인치 드라이브가 필요없다는 것이었다. "코너사는 쓸데없는 개발을 하고 있다"는 평가에 시게이트사는 결국 3.5인치 드라이브 개발을 하지 않았다.

그러나 코너사는 3.5인치 드라이브를 개발해 노트북 컴퓨터 제조업자들에게 신나게 팔았다. 노트북 시장은 점점 더 고객들에게 인기를 끌었고, 좀더 작은 PC를 원하는 사용자들의 요구를 맞추기 위해 더 작은 드라이브가 필요하게 되었다. 코너사는 미래 시장을 위해 준비했던 것이었고, 이런 예측은 보란 듯이 적중했다.

그렇다면 시게이트사의 시장 조사는 왜 이렇게 미래를 잘못 예측하게 되었을까. 원인은 시장 조사의 대상 고객이 잘못되었다는 데서 비롯되었다. 시게이트사가 3.5인치 드라이브의 필요성을 물어 본 고객들은 노트북 PC업체들이 아니라 데스크탑 PC업체들이었다. 이 업체들은 지금도 작은 3.5인치 드라이브의 필요성을 절감하지 못하고 있다. 시게이트사는 노트북 PC 제조업체가 있었다는 사실을 알지 못했다. 다른 잠재 고객이 존재할 수 있다는 가능성을 고려하지 않았던 것이다. 내가 필요없다고 남도 필요없다는 생각은 바로 시장의 추세를 제대로 읽지 못하는 데 걸림돌이 되었고, 미래 시장을 개척하는 데 실패하는 결과를 가져오게 되었다.

3M에서 생산한 포스트 잇도 마찬가지였다. 포스트 잇이 이만큼 큰 사업이 될 줄은 3M도 몰랐던 것이다. 브랜드도 얼마나 유치한가. 우리말로 하면 "그것을 붙여라" 정도니 촌스러워도 보통 촌스러운 게 아니었다. 또, 메모지란 흔히 무료로 얻거나 싼 값에 살 수 있었던 시대에 3M은 고가에 메모지 상품을 내놓았으니 가격정책

에서도 경쟁력이 없었던 셈이다. 그러나 이젠 3M의 포스트 잇을 사용하지 않는 사람이 없으니 나도 놀랄 일이다.

고객은 철저히 과거와 현재만을 얘기해 줄 뿐이다. 절대 미래를 얘기해 주는 법이 없다. 흔히 새로운 상품을 내놓거나 아이디어를 제품 개선에 반영시킬 때 "우선 시장 조사를 해보고 고객들의 반응을 확인하자"고 한다. 맞는 말이다. 시장수요를 정확히 판단하는 작업이야말로 사업의 성공과 실패를 가르는 요인이 아니겠는가.

그러나 고객이 항상 정답은 아니다. 특히 하이테크 사업은 고객이 신상품의 성공 가능성을 전혀 알 수 없는 경우가 많다. 이런 경우 대부분이 다른 것을 원하는 고객이 있다는 사실을 간과한 경우가 많다. 항상 고객 곁에 있는 것은 중요하다. 그러나 때로는 내가 만나지 않았던 고객을 만나려고 노력해야 한다. 그 고객들 중 하나가 기업의 미래를 열어 줄 기막힌 아이디어를 줄 수 있기 때문이다.

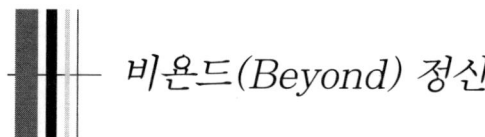

비욘드(Beyond) 정신

창의성과 혁신성으로 네트워크 시대를
뚫고 나가기 위해서는 비욘드 정신이 필요하다.
지금의 컴퓨터가 우리에게 편리와 빠른 속도,
네트워크를 제공하고 있기는 하지만 세상에 없는
새로운 것들을 창조해 주는 것은 아니다.

회사라는 큰 조직에 몸담고 있는 우리 샐러리맨들은 자기
의 업무에 익숙해진 나머지 자신도 모르는 사이에 타성
에 젖어들 가능성이 많다. 이는 조직과 개인의 창조적인 발전을 저
해할 뿐만 아니라 업무개선의 여지마저도 가리는 우를 초래한다.

이메이션 코리아는 조직원들이 이 같은 타성에 젖지 않도록 항
상 새롭게 생각하고(Think Beyond), 새롭게 행동하자(Act
Beyond)는 원칙을 세웠다. 신선한 사고를 통해 유연성을 기르고
한계에 부딪쳐 단념하기보다는 한번 더 다른 각도에서 생각하고
(Think out of box) 행동하자는 결정이었다. 말은 좀 어렵지만 행
동은 이렇게 했다.

우선 우리는 평범한 관례를 뛰어넘는 새로운 행동으로 업무혁
신을 이룩한 직원들에게 매월 10만 원짜리 선물을 주었다. 연초에

는 전년도에 회사에 대한 기여도가 가장 컸다고 평가받은 직원을 'Beyond of the Year'로 선발해 상패와 선물을 주었다. 선물 액수는 크지 않았지만 모두 자신의 아이디어가 평가받았다는 데 기뻐했다.

선정방법은 각 부서장이 해당 부서나 타 부서의 직원 혹은 다른 국가에 있는 이메이션 임직원을 추천하여 리더십 팀 미팅을 통해 선발했다. 수상자로 결정된 사람은 회사 내에 비치된 '열정의 전당-비욘드(Hall of Passion-Beyond)'라는 동판에 그의 이름과 업적이 새겨지며, 전 직원이 참가하는 월례회의에서 수상을 하게 된다.

'Beyond'를 수상한 임직원 중에는 Employee PR Card를 제안한 국제담당 사장인 데이브 웽크(Dave H. Wenck) 씨가 있다. 이 제안은 이메이션 코리아의 인지도를 높이는 차원에서 회사와 제품을 간략히 소개하는 명함 크기의 카드를 제작하자는 것이었다. 이메이션 코리아의 임직원들은 고객을 만날 때마다 본인의 명함과 함께 이 PR카드를 건냄으로써 자기 소개와 더불어 자연스럽게 회사를 알리는 좋은 계기가 되었다.

이 카드를 받은 고객들은 저마다 칭찬을 아끼지 않았다. 아이디어는 작고 하찮은 것을 개혁하는 데서 시작된다. 그 반향은 처음엔 미미하지만 나중엔 걷잡을 수 없이 커진다. 이것이 아이디어의 힘이다.

비욘드 정신은 최근 인터넷 현상까지 파급되고 있다. 창의성과 혁신성으로 네트워크 시대를 뚫고 나가기 위해서는 비욘드 정신이 필요하다. 지금의 컴퓨터가 우리에게 편리와 빠른 속도, 네트워크를 제공하고 있기는 하지만 세상에 없는 새로운 것들을 창조해 주는 것은 아니다. 컴퓨터 다음의 것(Beyond Computer)을 상상하고 만들 수 있는 통찰력이 있어야 이 시대를 앞서나갈 수 있다. 컴퓨터는 우리가 창의적으로 사고할 수 있도록 도와주는 도구일 뿐이다. 아직은 "생각하는 사물(Things that think)"이 아니다.

안   겉

〈이장우 사장의 명함(57% 축소)〉

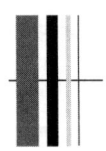

리더를 죽이는 평균주의는 가라

지식자본주의 시대에는 한 명의 천재가
수만 명을 이끌고 간다는 관점에서 볼 때
학연, 지연, 혈연 등 비경쟁 요소를 배제해야만
천재 한 명을 발굴할 수 있다.

회사 내에서 설치지 말아라, 중간만 가라,라는 말들은 연공
서열 사회에서 편안하게 살기 위해서는 무시해선 안 되
는 사고방식이었다. 이른바 평균주의다. 선배들의 진심어린 충고
였다.

평균주의 사회에선 그래서 리더가 나오질 않는다. 위기가 닥치
면 리더가 나와야 하는데, 평소에 길러 놓지 않았으므로 어디서건
나올 데가 없는 탓이다.

미국기업을 들여다보면 마치 최고 경영자(CEO) 한 사람을 선정
하기 위해 전체 직원들이 열광하는 듯하다. 최고의 능력을 겸비하
고 현재를 건너 뛰어 미래를 내다보는 비전을 지닌 리더 한 사람을
확보하는 일이란 그리 쉽지 않기 때문이다.

미국 기업의 최고경영자는 어떤 사람들이 되는지 보자. 세계 일류 컴퓨터 회사인 IBM의 루거스너 회장은 과자 회사인 나비스코에서 스카우트되었다. HP의 피오리나 회장은 루슨트테크놀로지에서, 코닥의 죠시피셔 회장은 모토로라에서 최고의 대우를 받고 왔다.

물론 IBM이나 HP, 코닥에서 인재가 없어 외부에서 최고경영자를 영입하는 것은 아니다. 이들은 내부 이사회와 직원들이 생각했을 때 뛰어난 경영자라고 판단되면 장소를 가리지 않고 모셔온다. 평균적 사고에 익숙한 우리 기업은 이런 결정을 내리기 어려울 것이다. 그러나 강한 기업만이 시장에서 살아남는다. 연고주의나 인맥주의가 결코 회사의 체질을 강하게 하지 못한다.

최근에 시작된 연봉제는 개인의 능력과 성취, 기여도를 기업조직이 보상하는 미래지향적인 장치라고 생각한다. 그러나 연봉제에 앞서 개인의 창의성과 혁신성, 그리고 지식 역량을 발휘할 수 있는 실력사회를 만드는 일이 선행되어야 한다.

우리 경쟁문화는 학교생활과 입시를 통해 형성되어 왔다. 아마도 전세계에서 한국인과 유태인 어머니만큼 자녀에 대한 교육열이 강한 민족은 없을 것이다. 단지 차이점이라면, 유태인은 잘하는 과목에 투자해 전문분야 세계 일등을 만들려 하고, 우리는 부족한 나머지 과목마저 잘해서 모든 분야에서 일등으로 만들려 한다는 점이다. 다른 사람이 일등이 되는 것을 인정하지 않으려는 심리와, 일등과 꼴찌는 별로 차이가 없다는 균등시각의 차이다.

이러한 의식은 회사조직에도 반영되어 평균주의 풍토가 퍼져 있다. 월급에서 진급까지 산술평균 위주로 되어 있다 보니 능력 획일화가 생기고, 인재를 발굴하기 어렵게 되어 유능한 인재가 오히려 밀려나는 현상도 있다.

기업이 위기에 처했을 때도 경영자는 항상 산술평균 위주로 전임직원 임금 몇 % 삭감 등을 주로 결정한다. 진급에도 연공서열이라는 간편한 제도가 있어 유사한 관리자를 양산하고 있다. 이에 대한 명분으로 흔히 좋은 게 좋다고 하지만, 사실은 지극히 균일한 사고에서 비롯된 현상이다.

진급은 전략결정의 몫이며, 자기가 내린 인사결정 성과에 따라 평가받아야 한다. 진급결정은 해당 상사에게 과감하게 일임하는 것이 바람직하며, 최소한 근무연한 같은 비경쟁적인 구습은 혁파해야 한다.

지식자본주의 시대에는 한 명의 천재가 수만 명을 이끌고 간다는 관점에서 볼 때 학연, 지연, 혈연 등 비경쟁 요소를 배제해야만 천재 한 명을 발굴할 수 있다. 농경사회에서 시작된 가족 중심의 경쟁문화에서 지식사회를 향한 객관과 합리의 경쟁문화로 거듭 태어나야 한다.

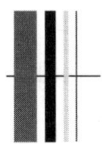 속도가 아니라 부실이 문제다

고품질과 스피드는 경쟁 원리다.
한국 기업처럼 기술의 역사가 미진한 처지에는
품질이 앞서가기란 쉽지 않은 일이다.
그러나 스피드 측면에서는
우리가 앞설 수 있는 기회들이 많다.

몇 년 전 다리가 무너지고 건물이 무너지고 온갖 부실이 무너져 내리는 상황에서 한국은 지도력 부재의 오명을 뒤집어썼다. 최고위정자가 내리는 지시 또한 합리적이기보다는 노파심에 지나지 않는 일상적인 외침이었다. 몇십 년이 걸려도 좋으니 튼튼한 다리만 만들라는 말이 전부였다. 누구나 할 수 있는 말이 아닌가.

그러나 다리가 무너지는 근본원인은 건설공사 속도에 있는 것이 아니라 부실 자체에 있었다. 미국 뉴욕에 있는 1백층이 넘는 엠파이어 스테이트 빌딩은 공사기간이 고작 1년 45일이었다. 이는 공사 속도와 부실과는 상관관계가 없다는 것의 반증이다. 부정부패의 고리에 의해 주무관청의 감독이 소홀했고 해당 건설회사가 기본적인 책무를 소홀히 했기 때문에 부실공사가 빚어진 것이다. 건설현장의 비리는 이미 오래 전부터 잘 알려져 있는 현실이다. 돈의 상납 고리는 자연히 공사비용의 상승으로 이어지고, 공사비 절감을 위해 공사 규격을 다 지키지 못하는 것은 당연한 일로 여겨지고 있다. 부실공사를 해서라도 공사기간을 줄일 수밖에 없는 악순환의 고리가 반복된다. 우리가 너무 '빨리' 하는 것을 좋아해서 부실 공사가 많은 것이 아니다. 설계가 잘못되고 불량 자재로 다리를 시공한다면 10년이 아니라 1백 년이 걸려도 튼튼한 다리를 세울 수 없다. 한국 건설업체들이 해외시장에 나가 빠른 속도로 수많은 건축물과 토목공사를 해 왔지만 부실로 판명나는 경우가 거의 없지 않은가. 부실과 스피드는 직접 관계가 없는 것이다. 차이라면 단지 수출용과 내수용이 다르다는 것뿐이다.

이런 점에서 나는 한국 기업의 최대 경쟁력은 스피드라고 생각한다. 생산성과 경쟁력은 시간과의 싸움이다. 아무리 우수한 제품이라도 경쟁사보다 늦게 시장에 내놓으면 성공하기 어렵다. 우리 기업이나 경제에서 근본적인 성공법칙은 좋은 품질의 제품을 스피드하게 만들어서 남보다 먼저 파는 것이다. 고품질과 스피드는 경쟁 원리다. 한국 기업처럼 기술의 역사가 미진한 처지에는 품질이 앞서가기란 쉽지 않은 일이다. 그러나 스피드 측면에서는 우리가 앞설 수 있는 기회들이 많다. 예를 들면 인터넷 분야가 그렇다. 개선의 정신보다는 혁신의 정신이, 남의 실수를 보고 교훈을 얻는 것보다는 내가 실패하더라도 빨리빨리 새로운 분야를 개척하는 정신이 인터넷 분야에 맞는 것이다.

우리는 이 강점을 무기로 경영전략을 짜야 한다. 예를 들면, 경영에서 단점을 개선하기 위해 돈과 시간을 들이기보다는 장점을 더 강화해서 경쟁을 승리로 이끄는 방법도 생각해야 하는 것이다.

핵심 장점은 바로 전략으로 이어진다. 전략이란 경쟁자에게 쉽게 모방당하거나 추월당하면 아무런 가치도 없게 된다. 어쩌면 스피드는 미국과 유럽 기업이 쉽게 모방하기 어려운 한국기업 특유의 경쟁력일지도 모른다.

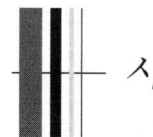 사소한 일에 목숨 걸기

세상에 사소한 일이란 없다.
나에게 사소한 일인지는 몰라도
상대방에겐 치명적인 일일 수 있기 때문이다.
사소한 일에 대해 동료나 선배들을 잘 챙겨 보라.
틀림없이 깊은 감명을 받을 것이다.

"사소한 일에 목숨을 걸어라." 이건 내가 직원들에게 생각 날 때마다 주문하는 말이다. 나는 지금껏 큰일에서 실패하는 직원들을 나무란 적이 없다. 그건 전략의 실패일 뿐 본인의 실패는 아니기 때문이다. 이런 경우엔 질책보다는 더 잘하라는 우정어린 격려가 필요하다. 이런 직원들은 앞으로 더 잘할 가능성이 있는 친구들이다.

반면, 사소한 일에서 실패를 했을 경우엔 눈물이 쏙 나올 만큼 잘못을 지적한다. 사소한 일에 무관심하고 큰일에만 관심이 있는 직원은 앞으로 성장할 가능성이 부족하다는 게 내 판단이다. 나도 45년 간 세상을 살아 보니 많은 경우, 세상은 작은 일에서 꼬이기 시작한다는 것을 알게 되었다. 작은 실수가 큰일을 그르치고, 작은 칭찬이 큰 사람을 만드는 경우를 나는 종종 보아 왔다. 나도 사실

초등학교 때 선생님의 작은 칭찬으로 지금껏 국내에서 알아주는 강연자로 나설 수 있었다고 믿는다. 정말 별것 아닌 칭찬이었지만, 듣는 나로서는 너무 가슴이 벅찼었다.

사소한 것을 무시하는 사람의 특징은 일을 한꺼번에 몰아서 처리한다는 것이다. "나중에 하면 되지, 뭐."라는 사람치고 성공한 사람을 못 봤다. '샐러리맨 때는 실컷 놀고, 나중에 내 사업할 때 잘해야지' 라는 어설픈 생각을 하는 사람도 마찬가지다.

사소한 일을 사소하게 여기는 사람들의 또 다른 특징은 자신의 잘못을 솔직하게 시인하지 않는다는 점이다. 까짓거, 하며 대수롭지 않게 생각했던 일이 결과적으로는 막대한 손실을 준 상황에 부딪혀도 본인의 생각을 뉘우치지 않는다. 대부분이 그렇다. 사소한 실수일수록 책임의 소재가 명확하기 때문에 피하고 보자는 심리다.

그러나 책임을 지지 않는 샐러리맨은 '1인 비즈니스' 를 하기 힘들다. 늘상 상하복종의 관계 속에서 자신을 잃어가고 자신의 창의력을 죽이는 꼴이다.

세상에 사소한 일이란 없다. 나에게 사소한 일인지는 몰라도 상대방에겐 치명적인 일일 수 있기 때문이다. 사소한 일에 대해 동료나 선배들을 잘 챙겨 보라. 틀림없이 깊은 감명을 받을 것이다.

자신이 하찮게 생각하는 것이 상대방에겐 얼마나 치명적인 일이 될 수 있는지 내 경험을 하나 얘기해 보겠다.

그러니까 올해 1월 초순쯤이었던 것 같다. 일제 올림푸스 카메라를 들고 미국 출장을 갔던 때였다. 출장 겸 여행을 했던 나는 만나고 싶었던 친구들과 직장 동료들과 어울리는 보름 동안 그 추억을 사진에 담기 위해 열심히 카메라의 셔터를 눌렀다. 그리곤 이들과의 추억을 빨리 보고 싶어 필름을 빼 현지에서 인화를 하려던 것이 그만 실수를 저지르게 되었다. 어찌 된 일인지 카메라의 필름을 꺼내는 입구가 열리지 않는 것이었다. 필름이 손상됐으면 어쩌나 하는 불안감을 안고 나는 한국으로 돌아왔다.

한국에 도착하자마자 나는 소공동 올림푸스 카메라 대리점으로 전화를 걸었다. 그랬더니 대뜸 여직원 하나가 나에게 "카메라 떨어뜨리셨죠?"라며 내 잘못을 나무라는 것이었다. 하도 어이가 없어서 자초지종을 설명했는데도 그 여직원은 처음의 고압적인 자세에서 한치도 물러서지 않았다. 수리센터에 직접 찾아가 필름이라도 건질 수 없겠느냐고 또 한번 물었더니, 어떻게든 해보겠다는 대답은커녕 그렇게는 안 되겠다는 성의 없는 대답만을 반복하는 것이었다.

화가 난 나는 일본 본사에 직접 전화를 걸었다. 클레임을 제기하겠다고 하자 일본 본사의 대답도 가관이었다. 클레임을 팩스로 보내 주면 타당성 여부를 따져 선별 수용하겠다는 것이었다.

카메라가 아까워서 그 소동을 피운 것은 아니었다. 내가 찍은 그 필름 한 통엔 정말 소중한 추억이 담겨 있었다. 만일 소공동 지점이나 일본 본사에서 이런 사소한 내 감정을 이해했더라면 이렇게 반응하지는 않았을 것이다. "소중한 추억이 훼손될까 걱정되네요. 마음 고생 많이 하셨죠?"라고 했다면 나는 그만 섭섭했던 마음이 스르르 풀렸을지 모른다. 사람이란 다 그런 것 아닌가. 더구나 인정에 죽고 사는 한국에서는 이런 마케팅이 분명코 효과가 있다.

나는 우리 이메이션 고객지원센터를 방문하는 고객과 따뜻한 마음의 대화를 나누고 그분들이 느끼는 불편을 해결하기 위해 최선을 다해 노력한다.

고객지원센터라는 아이디어도 하찮은 것 같지만 정말 기업의 사활이 걸려 있는 중요한 일이다. 나도 제품을 쓰다가 고장나 제조회사로 직접 찾아간 경험이 있다. 그럴 경우엔 대부분 처음 가 보는 곳이고 낯설기 때문에 쭈뼛거리기 쉽다. 어디서 어떻게 물어 봐야 하는지 난감하기도 하다.

그러나 어느 기업의 경우엔 입구에 들어서자마자 '고객지원센터' 라는 부서 간판이 큼지막하게 걸려 있는 곳이 있다. 그러면 소비자들은 그제서야 안심하고 들어간다. 이런 배려 하나가 기업의 앞날을 바꿔 놓는다. 작지만 분명 큰 일이다.

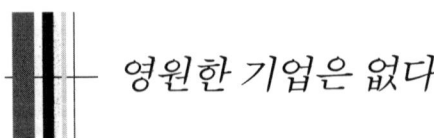

영원한 기업은 없다

불과 몇 년 전만 해도 명성이 자자했던
3M, 코닥, 코카콜라, 컴팩, HP, IBM, 디즈니 등
쟁쟁한 기업들 중 어느 한 곳도
10위권에 들지 못한 것을 보니
만감이 교차한다.

사장이 되고 보니 새삼 재미를 느끼는 잡지가 있다. 미국 경영잡지인 포춘(Fortune) 지가 그렇다. 포춘 지는 세계 유명 경영자들에 관한 얘기와 전쟁터를 방불케 하는 경영의 세계를 아주 사실적으로 보여 주는 잡지다. 포춘 지를 본 지는 10여 년이 넘었지만, 사장이 되고부터는 더더욱 재미있게 보고 있다.

최근 포춘 지에 상당히 의미 있는 글이 실렸다. 21세기에 유망한 세계적인 기업 10곳을 선정해 발표한 것이다. 포춘 지는 미국 내 1천 개의 기업들을 대상으로 1만여 명의 각계 전문가들에게 설문조사를 벌여 매년 최고 10개 기업을 선정하는데, 그 공신력은 상당히 믿을 만하다는 것이 일반적인 평가다. 그러면 어떤 기업들이 실렸는지 보자.

1등은 식스 시그마로 유명한 제네랄 일렉트릭(General Electric),

다음은 마이크로소프트(Microsoft), 델 컴퓨터(Dell), 시스코 시스템즈(Cisco Systems), 월마트(Wall-Mart), 사우스웨스트 항공사(Southwest Airlines), 버크셔 해스웨이(Berkshire Hathaway), 인텔(Intel), 홈 데포(Home Depot), 그리고 마지막으로 루슨트 테크놀로지(Lucent Technologies)다.

우리가 흔히 손꼽는 다국적 기업들은 어디에 있는지 보이지도 않는다. 불과 몇 년 전만 해도 명성이 자자했던 3M, 코닥, 코카콜라, 컴팩, HP, IBM, 디즈니 등 쟁쟁한 기업들 중 어느 한 곳도 10위권에 들지 못한 것을 보니 만감이 교차한다. 역시 영원한 기업은 없나 보다.

이번에 10위권에 진입한 기업들을 보니 우선 미래를 보는 기업이라는 생각이 든다. GE가 그렇고, 컴퓨터 유통 혁명을 일으킨 델이 그렇다. 시스코와 루슨트 테크놀로지는 이미 전망이 있는 기업으로 잘 알려져 있다.

포춘 지의 선정 기준을 보면 21세기엔 어떤 기업이 뜰 것인지 짐작해 볼 수 있다. 경영과 제품의 질, 혁신성, 투자가치, 건전한 재무구조, 재능, 사회적 책임성, 자산가치 등이 21세기 기업이 갖춰야 할 덕목들이다.

또 한 가지 특징을 들자면, 이들 기업의 최고경영자 주가가 엄청나게 높다는 사실이다. 최고경영자의 리더십이 얼마나 중요한지 보여 주는 대목인 것이다.

내가 속해 있는 이메이션도 약진을 거듭한 기업으로 주목되고 있다. 3M에서 분사된 지 불과 3~4년 만에 데이터 저장 분야에서 세계 3위로 선정되었다. EMC와 Lexmark에 이은 이메이션인 것이다. 포춘 지 선정 기준에 따르면 이메이션은 제품의 질이 타사 제품보다 높고 재무구조도 안정적인 것으로 나타났다. 10점 만점 점수로 보면 6.56점인데, 이는 세계적인 컴퓨터 회사인 애플사나 HP, 통신업체인 모토로라의 점수대와 같다. 3M에서 분사한 기업이지만 세상에 이름이 알려진 지 불과 3년 만에 이렇듯 좋은 평가를 받았다는 점이 더 고무적이다. 나는 이메이션이 이처럼 성공한 기업으로 평가받는 근본적인 이유는 경영혁신에 노력한 것도 있지만 포기할 수 있는 경영을 보여 주었다는 점에서 좋은 이미지를 주었기 때문이라고 생각한다.

이메이션은 막대한 투자금액을 쏟아부은 의료사업을 과감하게 정리했다. 디스켓 등 데이터 저장기술만 특화시켜 경영한 결과로 단기간 내 경영여력을 집중할 수 있었다는 얘기다. 이메이션을 강력하게 집중화하기 위해 메디컬 이미징 사업부를 코닥에 7천억 원의 가격으로 매각했고, 여기서 생겨난 현금은 이메이션의 재무적 유동성을 강화하고 미래 주력 품목인 데이터 스토리지 사업에 집중 투입하기로 결정했다. 이렇게 해서 특히 전략 품목인 슈퍼디스크 LS-120에 대한 경쟁력을 강화할 수 있었다.

00000100000111010110000000000000100

011000000100000111010110000000000000100 00 00

10101100000100000111010110000000000000100

위대한 **성공**은
커다란 **실패**를 부른다

4장

성공경영

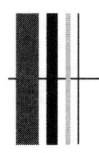# 위대한 성공은 실패를 부른다

꾸준히 승자가 되는 기업이 있다.
이 기업의 특징은 외부에 대한 승부뿐 아니라
내부의 승부에 더 조심한다는 점이다.
위기의 순간에 자신을 완전히 꺾는 것이다.

위 대한 성공은 재앙을 부른다. 왜? 성공한 사람은 점점 자신에게 필요한 부분을 요구하지 않으니까.

성공의 최대의 적은 아이러니컬하게도 '크게 성공했던 경험'이다. 이 경험이 서서히 성공한 사람을 병들게 한다. 성공했다는 사실 때문에 점점 자신에게 부족한 부분이 무엇인지 찾지 않는다. 상황은 항상 가변적이다. 어떤 때는 이 방식이 통했지만, 시간이 지나면 다른 방식이 오히려 해결의 실마리가 되는 경우가 종종 있다. 성공한 사람은 성공했던 과거의 방식만을 고집하기 때문에 상황이 바뀌면 실패하는 것이다.

크게 성공했던 사람은 내부의 시각으로 승부하는 것(Inside-out)에는 뛰어나지만, 외부의 시각으로 승부하는 것(Outside-in)에는 서투른 경우가 많다. 자신의 실력으로 외부의 경쟁자들과 한판 붙어 승리했다고 치자. 이런 경우 승리자는 승리의 벨트를 지키기 위해 또 다른 경쟁자의 도전에 대비한다. 기업이 생존하기 위해서는 수많은 경쟁자들을 상대해야 하고, 챔피언은 점점 지치기 시작한다. 챔피언은 자신이 예전에 써먹었던 특기만을 고집한 채 계속되는 도전자를 맞지만 어느 순간 결과는 뒤바뀐다. 이런 예는 무수히 많다. 어제 승리한 기업이 오늘은 패배자가 되는 것이다.

그러나 꾸준히 승자가 되는 기업이 있다. 이 기업의 특징은 외부에 대한 승부뿐 아니라 내부의 승부에 더 조심한다는 점이다. 위기의 순간에 자신을 완전히 꺾는 것이다. 자신의 잘못을 인정하고 방향을 완전히 수정하는 것은 쉽지 않다. 마이크로 소프트의 빌 게이츠는 인터넷을 우습게 여겼던 태도가 잘못되었음을 솔직하게 인정하고 익스플로러라는 인터넷 검색엔진을 개발했다.

당시 시장을 과점했던 넷스케이프에 대항해 시장에 나왔던 익스플로러는 윈도우의 위력을 이용해 지금은 넷스케이프를 누르고 있다. 그리고 인터넷시대를 시인하면서 수많은 손실에도 불구하고 기업 경영전략이나 모든 마케팅전략의 급선회를 주저하지 않았다. 역시 빌 게이츠다운 진면목이다.

자신의 잘못을 인정하기란 죽기보다 힘들 때가 있지만, 결과적으로는 더욱 상황이 좋아진다. 기업가뿐 아니라 샐러리맨도 때로는 과감하게 자신을 버려야 산다. 결국 우리는 세상을 보는 혜안을 얻기 위해 자신도 버려야 하는 것이다.

3M이 성공 노하우를 매뉴얼로 정리해 놓지 않는 이유도 여기에 있다. 빠른 속도로 변하는 세상에서 과거의 경험은 독약이 된다는 것을 3M은 오랜 경험을 통해 알고 있기 때문이다.

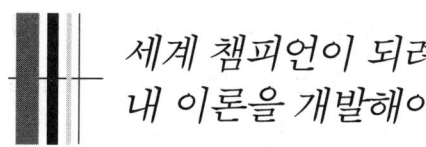

세계 챔피언이 되려면
내 이론을 개발해야 한다

세상의 일인자가 되기 위해서는
스승의 거대한 이론도 깨야 한다.
챔피언이 되려면 기존의 이론에 도전하게 되어 있다.
자신의 이론을 만드는 것은
돌아가는 길이 아닌 정면돌파의 길,
명확하게 방향이 있는 길을 찾는 것이다.

내 분야에서 2위나 3위에 머무는 것에 만족한다고 생각한다면 내 이론을 만들 필요는 없다. 1위가 하는 대로 적당하게 따라가면 그만이다.

그러나 세계 챔피언이 되겠다고 결심한 사람들은 자기 이론을 갖춰야 한다. 언젠가는 자기 이론으로 승부해야 할 때가 있다. 그리고 언젠가는 자기 이론을 꺾어야만 성공할 때도 있을 것이다.

최근 TV 드라마에서 본 감동적인 장면을 얘기할까 한다. 허준의 일생을 그린 드라마인데, 마침 내가 본 것은 스승인 유의태와 허준이 눈먼 부인을 고치는 장면이었다.

몸이 쇠약해진 노부인은 허준의 극진한 간호와 뛰어난 처방으로 기력을 회복하긴 했지만, 여전히 감긴 눈은 떠지지 않았다. 이 소식을 들은 유의태는 허준과 노부인이 있는 곳으로 달려갔다. 현장에 도착한 유의태는 허준이 지금까지 어떤 처방을 내렸는지 물었다. 긴장된 대화가 계속 이어지다가, 돌연 유의태는 노부인의 눈을 뜨게 하려면 침보다는 뜸을 떠야 한다고 허준에게 말했다.

이 말은 들은 허준은 깜짝 놀랐다. 지금까지 노부인을 치료하기 위해 침을 사용했는데, 갑자기 뜸으로 처방을 바꾸라는 스승의 말은 의가의 상식을 벗어난 것이기 때문이었다. 침으로 병을 다스릴 땐 끝까지 침으로 다스려야 한다. 침에서 뜸으로 바꾸면 환자의 생명이 위태로워질 수 있었다.

그러나 스승은 이 한마디 말을 남기고는 밖으로 휑하니 나가 버렸다. 그때부터 허준은 고민하기 시작했다. 하늘 같은 스승이 이 같은 말을 한 데에는 특별한 이유가 있을 것이었지만, 본인이 생각했을 땐 도저히 스승의 말대로 할 수는 없었다.

진료실 안에서는 한바탕 논란이 벌어졌다. '스승의 의견을 따라야 한다'와 '허준의 생각대로 침으로 다스려야 한다'의 치열한 설전을 벌였지만, 결국 허준은 자신의 생각대로 밀고 나갔다. 혼신의 힘을 다해 노부인에게 침을 꽂아 허준은 결국 노부인의 눈을 뜨게 했다.

이 소식을 들은 유의태는 누구보다도 기뻐했다. 드디어 자신의 그늘 속에 가려져 있던 제자가 세상을 향해 훌륭히 나설 수 있게 된 것을 본 때문이었다. 자신의 이론을 찾은 제자에게 유의태는 흡족한 듯 말없이 미소를 지었다.

세상의 일인자가 되기 위해서는 스승의 거대한 이론도 깨야 한다. 챔피언이 되려면 기존의 이론에 도전하게 되어 있다. 이론은 학문만이 아니다. 현실과 떨어진 어떤 것이 아니다. 이론은 현실에서 철저히 검증받은 일종의 지름길 같은 것이다. 자신의 이론을 만드는 것은 돌아가는 길이 아닌 정면돌파의 길, 명확하게 방향이 있는 길을 찾는 것이다.

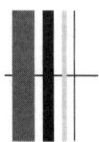 자식을 수술하는 외과의사가 드문 이유

전략적 방향 선회와
기사회생을 위한 대규모 구조조정은
자신의 환부를 스스로 도려내는
과감한 결정이 필요하다.

쓰러져 가는 기업을 끌어안고 최후까지 견디면서 기사회생을 시도해 보기 위해 안간힘을 써 보지만 무너지는 기업은 끝내 재건의 기미가 없어 도산하고 만다. 최근 경제위기와 더불어 붕괴된 소유경영자 중심의 기업들에게 흔히 있는 일이다.

한국의 짧은 기업 역사에서 회사를 세운다는 것은 말이 사업이지, 맨주먹으로 일어서서 피와 땀으로 이루어 낸 불굴의 의지와 신념 없이는 불가능했다. 많은 대기업 창업주들에게 기업은 세상 무엇과도 바꿀 수 없는 목숨보다 소중한 것이었다. 맨주먹으로 일으켜 세운 기업이었기에 회사에 대한 사랑과 열정은 무엇에 비교해 보아도 뒤짐이 없었다. 대기업들은 새로운 일자리를 창출했으며, 외화수입과 더불어 개인의 부는 물론 나라의 부를 형성하는 데에도 많은 기여를 했다.

이런 과거의 역사나 현실적 차원에서 보면 무조건적으로 재벌의 부정적인 단면을 부각시키는 것은 바람직하지 못하다. 그러나 그들의 공과에 대해서는 객관적인 평가가 요구된다. 왜 이들은 기업이 재정적으로 어려워졌을 때 미리 전략적 방향 선회를 하지 못했을까. 바로 이 점이 오너 기업가의 한계이다.

오너경영자는 늘 자랑스럽게 주위에 얘기한다. 나만큼 회사를 아끼고 사랑하는 사람은 없다는 것이다. 이 지나친 사랑이 바로 화근이 되는 것이다. 전략적 방향 선회와 기사회생을 위한 대규모 구조조정은 자신의 환부를 스스로 도려내는 과감한 결정이 필요하다. 그것은 아무리 훌륭한 외과 의사라도 자기 자식의 수술집도에는 함부로 나설 수 없는 것과 같은 이치다. 자식은 환자이기 이전에 피붙이이기 때문에 함부로 수술칼을 들이대기 힘들다. 환자를 환자로서 대할 때만이 수술에 성공할 수 있는 것이다.

그러나 소유경영자는 이런 결정보다는 주위의 시선과 스스로의 자만심에 편승해 어떻게든 모두 같이 끌고 나가려다 무너지고 만다. 경영은 늦다고 판단했을 때가 빠를 수도 있다. 과거의 성공에 집착하거나 미련을 갖는 것은 금물이다. 오로지 미래가치와 수익으로 과감한 의사 결정을 내려야 한다.

전략과 전략 의사결정이 기업 성공의 중요한 성패 요인으로 자리잡지 못한 국내 현실에서 보면 창업 2세들에게 이런 요구는 무리다. 몰락한 기업들을 보면서 미리 유능한 전문 경영인에게 맡겼다면 이런 비극적인 결말은 없을텐데 하는 안타까움이 든다. 전문 경영인들은 자신의 살붙이가 아니기 때문에 언제든지 구조개혁을 시도할 수 있기 때문이다.

세계적으로 유명한 장사꾼인 유태인들은 늘 기업은 소유하는 데 목적이 있는 것이 아니라 투자해서 몇 배씩 가치를 높인 후에 다시 파는 게 목적이라고 한다. 그저 이 사업을 누구에게 물려줄까를 고민하는 우리와는 상반된 경영문화인 셈이다. 이 점은 유목민족인 유태인과 농경민족인 우리 문화의 차이점이 아닐까 생각한다.

그러나 우리도 예전엔 벌판에서 말을 달리던 유목민족이 아니었던가. 더구나 디지털 세상이 도래한 지금은 모두 유목민족이 될 수밖에 없는 상황이고 보면 우리의 경영 문화도 달라져야 한다는 생각을 하게 된다.

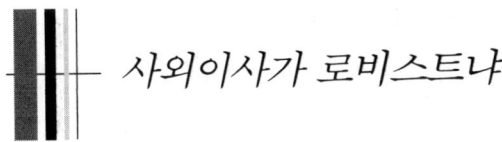

사외이사가 로비스트냐

현재 대기업의 구조조정이 지연되는 이유는
주인 몇 사람만을 쳐다보고 있는
조직구조 때문이다.
오너는 있지만 리더는 없는
우리의 서글픈 현실을 잘 보여 주는 셈이다.

60년대부터 시작된 경제개발의 단계적 발전과 중진국 진
입에 가장 공로가 컸던 기업이 언제부터인지 타성과 관
성에 젖어 변화에 느리고 시대 흐름을 읽기 어려운 거대 공룡으로
변했다. 이런 구습을 타파하기 위해 정부는 기업의 경영 합리화를
추진하기 위해 법 제정을 하고 반강제적으로 기업에 사외이사 제
도를 강요하기 시작했다.

그러나 많은 기업들이 좋은 취지에서 만든 사외이사 제도를 제
대로 활용하지 못하고 숫자 맞추기에만 골몰하는 어리석은 짓을
범하고 있다. 어떤 대학 교수는 사외이사 청탁이 너무 많아서 거절
하기에 바빴다는 웃지 못할 얘기도 해주었다. 사외이사가 왜 필요
한지, 무엇 때문에 있어야 하는지 생각하지도 않고 그냥 법적인 의
무만을 생각했던 것 같다.

나를 포함해 많은 사람들이 사외이사 선정에 관심을 갖고 사외이사 발표를 눈여겨 보았지만, 기대보다는 실망이 컸다. 주로 전직 관료, 법률전문 회계사, 대학교수 출신들이다. 사외이사는 사실 경영 경험이 풍부하고 능력이 탁월하며, 유사한 업체에서의 경력이 있는 타 회사 전문경영인 출신 가운데 선발하는 것이 좋다. 이 사람들의 식견과 경륜을 최대한 이용하는 것이 사외이사 제도의 본질인 것이다.

그러나 이번 상장회사의 사외이사로 선정된 사람들 중 전문경영인은 거의 없는 것 같다. 경영자 출신도 없었다. 마치 기업이 최소한의 법 규정을 지키기 위해 깐깐하고 능력 있는 사외이사보다는 회사 고문이나 로비스트를 선발하지 않았나 하는 인상마저 들었다.

전문경영인 제도도 제대로 도입하지 못하는 우리 현실에서 외부 인사가 회사 경영에 개입할 구실을 줄 리도 만무하다. 유능한 인력을 활용해 우리 기업의 가치를 높이자는 사외이사 제도의 취지를 제대로 살리기보다는 외부의 간섭을 피해 보자는 속셈이 빤히 보인다.

우리에게 사외이사보다 더 중요한 과제는 지금 당장 경영의 전문화를 정착시켜야 한다는 것이다. 지금부터라도 전문경영인이 전면에 나서서 기업 구조조정을 마무리짓고, 기업 경영 합리화를 목표로 새로운 기업 사명과 비전을 제시해야 한다.

이제 기업의 주인은 방해가 될 수 있다. 현재 대기업의 구조조정이 지연되는 이유는 주인 몇 사람만을 쳐다보고 있는 조직구조 때문이다. 오너는 있지만 리더는 없는 우리의 서글픈 현실을 잘 보여주는 셈이다.

전문경영인 제도의 올바른 도입과 시행 없이는 사외이사 제도의 정착은 불투명하다. 전문경영인 제도를 외면한 사외이사 제도는 단지 형식에 그칠 뿐만 아니라 기업의 비용 부담만 늘리는 꼴이 될 것이다.

사외이사를 영입하기 위해 기업은 많은 노력과 비용을 들여야 한다. 전문경영인 체제가 아닌 상태에서 사외이사의 역할은 경영 고문이나 로비스트에 그칠 공산이 크다. 그렇다면 사외이사 제도의 구축보다는 전문경영인 제도가 먼저 정착되어야 하지 않을까.

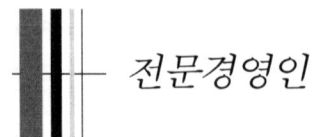

전문경영인

한국에는
전문경영인이 없다고 한다.
세계 10대 경제대국으로 성장했다는
외형적인 결실로 비추어 볼 때
이 말은 충격적이다.

한 때 한국에 진정한 전문경영인이 존재하느냐는 심각한 논쟁이 있었다. 이 질문 자체가 아주 극단적인 표현이지만, 답답한 심정에서 이런 말이 나왔으리라 본다.

매일경제신문의 강영철 부장은 한국에는 전문경영인이 없다고 주장한다. 세계 10대 경제대국으로 성장했다는 외형적인 결실로 비추어 볼 때 강 부장의 말은 충격적이다.

전문경영인의 존재와 역할은 경영을 전문화하기 위해 가장 먼저 필요하다.

예를 들어 보자. 일반적으로 유한양행을 한국에서 소유, 경영, 지배권이 황금분할된 대표적인 전문경영의 상징으로 보고 있다. 전문경영인 체제의 기본적인 시각은 최고경영자가 주주의 지지를 받고 이사회의 승인을 얻어 임명되는 동시에, 경영 전권을 행사해

야 한다. 또, 최고경영자가 이사회의 실질적인 견제와 경영지도를
동시에 받을 때 진정한 전문경영인 체제가 이루어질 수 있다.

참된 의미의 전문경영인은 첫째, 공과 사의 구분이 뚜렷한 자세
를 지녀야 한다. 특히 주식시장에 공개상장된 기업은 절대 개인의
것이 아니라는 사실을 명심해야 하며, 그 자신은 기업의 전체주주
와 종업원, 그리고 지역사회를 위해 일해야 한다.

둘째는 경영자로서 내린 의사결정과 판단에 대해 항상 책임을
지고 처리해야 한다.

셋째, 개인적인 이기심이나 사리사욕으로 기업 경영을 해서는
안 되며, 항상 회사 경영에 있어 자신은 주인이 아닌 수탁자라는
사실을 잊지 말아야 한다.

넷째 소유주주의 권익과 이익을 최대한 보호하고 자신의 자리와
임기를 유지하기 위해 증자 등의 편법을 이용하지 말아야 한다.

다섯째, 정경유착의 고리에서 떨어져 기업경영과 기업발전에만
열중해야 한다. 한국에도 유한양행과 같이 경영과 소유가 철저히
분리된 모범적인 기업이 있으며, 일부 대기업에서 전문경영인 체
제를 도입하고 있다.

최근의 경제위기로 정부는 지배 대주주가 기업경영의 전면에 복
귀해 경영회생을 하도록 요구했고, 그 덕택에 전문경영 체제는 오
히려 후퇴한 느낌이다. 전문경영 체제 확산을 통한 경영의 선진화
와 전문성 확보는 잠시도 뒤로 미룰 수 없는 중요한 사항이다.

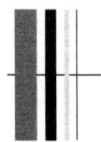

가장 어려울 땐 무조건 솔직하라

문제가 생겼을 때는 차라리
솔직한 것이 제일 좋다.
그래야 문제의 본질을 직시할 수 있고,
해결 방안이 나올 수 있는 것이다.

영업 일선에서 뛰는 세일즈맨들은 종종 자사 제품의 가격을 조금만 내리면 제품판매가 경쟁사보다 더 잘 될 것이라고 장담한다.

그러나 실제로 가격을 내려도 판매증가는 결코 쉽게 일어나지 않는다는 사실을 나는 경험으로 잘 알고 있다. 영업이나 마케팅에서는 판매부진을 가격과 품질문제로 돌려 버린다. 언제 어디서나 예상치 못할 문제는 생길 수 있다. 그러나 더 큰 문제는 그에 대한 대응책을 만들기 위해 고심하지 않는다는 점이다. 이럴 경우 고객은 정말로 실망한다.

10여 년 전 내가 근무하던 3M은 현대전자에 OEM방식으로 디스켓을 납품하고 있었다. 초기제품인데도 품질문제가 심각했다. 품질문제가 발생하자 전에는 하지 않았던 부서간 미팅이나 교류가 활발해졌다. 오히려 두 기업간에 관계가 돈독해져 판매가 늘어 가고, 장기적으로는 경쟁사의 시장침투를 가로막는 기대 밖의 효과까지 거둘 수 있었다.

문제가 생겼을 때는 차라리 솔직한 것이 제일 좋다. 그래야 문제의 본질을 직시할 수 있고, 해결 방안이 나올 수 있는 것이다.

미국의 'US News & World Report'의 조사의 의하면 고객의 68%가 회사의 어느 종업원이든 간에 단순한 무관심을 이유로 떠난다는 조사는 상당히 의외이다.

〈고객이 떠나는 까닭〉

- 1% — 사망
- 3% — 이사
- 5% — 다른 친구 관계로
- 9% — 경쟁적 이유
- 14% — 제품이나 서비스에 대한 불만족
- 68% — 고객에 대한 종업원의 무관심한 태도

고객에 대한 직원들의 작은 관심이 고객을 사로잡는다. 만족하는 고객은 하나의 만족에 그치지 않고 여기 저기 광고하고 다닌다. 그야말로 챔피언 고객이 되어 무급 홍보 요원이 되는 것이다.

서울 서초구에 사는 김동식이라는 사람은 민중서림의 엣센스 한 영사전을 약 9년 전에 구입했지만, 파본이 된 것을 99년에 발견하고서 혹시나 하고 출판사에 연락해 본다. 그리고 김동식 씨는 깜짝 놀라고 만다. 출판사에서 직접 교환을 해준다고 한 것이다. 필자인

나 역시 감동을 받은 사건이었다.

　진정 고객을 사로잡는 비결은 먼 데 있지 않다. 요란한 광고나 판촉보다는 고객의 작은 불만을 처리해 줄 때 고객 만족은 극대화되는 것이다.

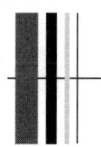

왕양명처럼, 마이클 포터처럼

전략은 경쟁자에게 공개되거나 노출되면
이미 전략적 가치를 상실하게 된다.
전략은 반드시 기습의 효과를 최대한
누릴 수 있을 때만이 성공 확률이 높다.

'지행합일'은 이론에만 치우치고 현실과 멀어진 성리학이나 주자학에 반해 지(知)가 바로 행(行)의 시작이요, 행(行)이 바로 지(知)의 완성이라는 뜻이다. 이는 중국의 행동주의 철학을 전파한 왕양명의 사상이었다.

오늘날의 시각에서 보면 지행합일이야말로 기업경영이나 조직경영, 나아가 국가경영의 프레임워크가 아닌가 생각한다. 지가 행보다 먼저 이루어져야 한다. 이런 차원에서 보면 우리는 모든 것을 잘 알고 있지만 실천에 옮기지 못한다는 주변의 주장을 이해할 수 있다. 우리의 외채 규모도 정확히 파악할 수 없었던 관리 부재, 뉴욕 외채 협상에서 전문용어와 관행 등을 충분히 이해할 수 있는 전문가 집단의 부족, 모 외국계 증권사와 파생금융상품 거래에서 충분한 거래 내용을 알지도 못한 채 계약해 엄청난 손실을 입었던 것

등을 보면 한심한 생각이 든다.

　게다가 모 재벌그룹의 구조조정이 전략적 방향과 목표를 두고 어떻게 실천될 수 있는지에 대한 고민 없이 그저 정부의 비위나 맞추기 위한 구조조정에 그치고 있으니 할 말이 없다.

　재벌개혁과 구조조정의 최대 수혜자는 결국 그 기업의 주주들이다. 점차 주주들을 위한 경영에 박차를 가하고 있지만, 아직도 누구를 위해 경영을 하는지 모르는 기업가들도 있다.

　전략결정은 합의 도출이 아니라 신속한 의사결정으로 얻어지며, 중역과 최고경영자의 몫이다. 전략은 경쟁자에게 공개되거나 노출되면 이미 전략적 가치를 상실하게 된다. 전략은 반드시 기습의 효과를 최대한 누릴 수 있을 때만이 성공 확률이 높다.

　최고경영자가 사내 최고 경영전략가로서의 역할을 수행하고 전략적 리더십을 보여야 한다. 전략은 조직 내 모든 사람을 행복하게 만드는 사탕이 아니라, 위에서 아래로 흐르는 경영자의 채찍이라는 사실도 알아야 한다.

　전략 분야에서 유명한 미국의 마이클 포터는 얼마 전 서울에 와서 "한국기업과 일본기업의 문제점은 전략 부재다."라는 따끔한 충고를 해준 적이 있다. 모두 똑같이 투자하고, 창의력이 부족한 기업풍토가 이러한 현실을 빚어낸다는 지적도 했다.

　그의 지론에 따르면 전략은 포기이자 선택이라고 한다. 예를 들면, 신발산업을 최첨단의 기술로 이끌어 고도의 경영방식으로 밀고 나간다면 그것이 바로 하이테크 산업이다.

　반면, 우리가 첨단산업이라고 부르는 정보통신 사업도 과잉과 중복 투자에 모방 같은 저급한 경영행태를 일삼을 경우 로우테크

(Low Tech)산업으로 전락할 뿐이다.

우리 기업은 경영의 새로운 패러다임이나 혁신의 실천에 저항하는 일이 비일비재했다. 미국의 경우를 참조해 보면, 미국 경영사회의 경쟁력의 원동력을 단순히 전문경영가 그룹이나 기업회생 전문가의 공로로 돌리는 것은 피상적인 관찰이다. 그보다는 지적 가치와 지식 창조를 해 오는 수많은 연구자들, 교수, 학자, 컨설턴트들의 공로가 지대하다는 사실을 간과해서는 안 될 것이다.

개구리 수영을 개발한 사람은 사실 수영을 잘 못한다고 한다. 그러나 부단한 관찰과 연구, 그리고 창의성으로 새로운 기법을 발견해 냈다. 우리는 지를 창조하는 집단에 대해 새로운 사명을 요구하고, 동시에 행을 주도하는 전문경영자들을 발굴해 이들을 결합시켜야 한다.

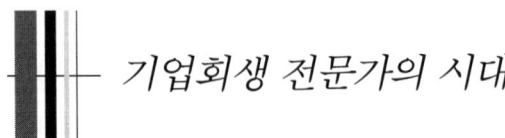

기업회생 전문가의 시대

우리는 새로운 시대가 시작되는 것을
두려워하지 말아야 할 것이며,
뛰어난 경영인재에게 경영권을 이양하고
그에게 책임경영을 요구해야 한다.

우리가 몸이 아플 때 의사의 진단을 통해 처방받는 것처럼, 이제 중병을 앓는 기업도 경영전문가에게 맡겨 기업을 회생시키도록 해야 한다. 그것이 기업의 주인인 주주 전체의 이익을 위하는 일일 뿐 아니라 사회에 공헌하는 길이다.

이런 면에서 한국의 경제위기는 거꾸로 수많은 경영귀재를 양산할 수 있는 절호의 기회다. 중성자탄이라는 별명을 가진 미국의 잭 웰치 회장은 GE(제네럴 일렉트릭)를 회생시키며 세계 최고로 가치 있는 기업으로 발전시켰다. 나비스코라는 과자회사의 루 거스너 회장은 세계 컴퓨터 제국의 지도자로 등극한 지 몇 년 만에 IBM을 다시 블루칩(우량주식)의 상징으로 올려놓았다.

최근에는 톱날(Chainsaw)이라는 별명을 가진 앨던랩이란 슈퍼맨이 미국 최대의 기업회생 전문가(Turnaround Artist)로 등장하며 파란을 일으키고 있다. 특히 앨던랩이 회사를 옮겨다닐 때마다 그 회사의 주가는 으레 폭등하곤 했다. 그런 까닭에 완전히 파산된 것으로 알려져 아무도 거들떠보지 않았던 소형 가전제품 회사인 선빔(Sunbeam)에 앨던랩이 최고경영자로 취임하자마자 뉴욕 증시에서는 사자 주문이 폭주해 거래마저 중단됐다고 하니, 가히 이 사람의 영향력을 짐작할 만하다. 그는 "경영은 곧 사람이다."라는 말을 실감나게 한다.

지난 80년대 경제위기가 미국을 강타하기 시작했을 때 미국 경영사회는 이에 대한 반작용으로 전문경영자의 새로운 탄생을 예견했으며, 오로지 강한 프로만이 경쟁사회에서 살아남는다는 것을 보여 주었다. 이런 적자생존의 원리가 시장을 지배함으로써 자본과 자원의 효율적 활용과 배분이 잘 이루어질 수 있었으며, 이것이 오늘날 미국을 세계 경제의 주도적 위치로 회복시킨 원동력이 되었다. 이렇듯 위기는 위험을 내포하는 동시에 새로운 기회를 창출하는 계기가 된다.

우리는 지금 이 순간을 포기해야 한다. 현실을 부정하는 방어적 자세는 이제 버려야 한다. 포기야말로 우리의 전략적 선택인 것이다. 재벌 기업들은 현재의 비합리적 기업 지배구조와 오너에 의한 전근대적 1인 경영 체제 등 비효율적인 것은 모두 버려야 한다. 소유와 경영의 분리를 통하여 전문경영인에 의한 기업회생이 가능토록 하는 시대적 사명을 수용해야 한다.

우리는 새로운 시대가 시작되는 것을 두려워하지 말아야 할 것이며, 뛰어난 경영인재에게 경영권을 이양하고 그에게 책임경영을 요구해야 한다. 이제까지의 경영방식은 전통적인 대가족 제도하의

농경생활과 유사한, 우리 가족만을 위한다는 소아병적 사고방식이었다. 이 때문에 경영은 아마추어의 몫으로 남겨져 버렸다.

그러나 지금은 이 자리를 약육강식의 법칙이 지배하는 프로의 세계에 넘겨야 한다. 그러면 그들은 반응할 것이다. 일부 아마추어 기업 오너들은 한국의 현실, 우리의 전통 등을 핑계로 프로는 여기에 없다고 할지 모른다. 그러나 세계적인 경쟁의 룰이 통용되고 있는 이때, 이 같은 외침은 외마디 비명에 불과할 것이다.

프로는 항상 결과에 따라 평가받는다. 새로운 시대의 서막을 인지하지 못하는 기업 조직은 국가 사회에서 재앙과 같은 존재로 돌변할 것이다. 기업의 미래 파산비용이 우리 납세자의 몫이 되는 현실에서 우리는 당당히 경영체제의 변화를 요구할 권리가 있다.

경영은 예술이라는 말이 있듯, 기업회생도 하나의 예술이다. 기업회생의 시대에 새로운 경영예술가라는 표현은 슘페터의 창조적 파괴를 미화시키기 위한 완곡어법이 아닌가 하는 생각을 해본다.

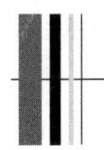

일과 책임은 빼앗는 것이다

우리는 상사들이 너무 지나치게
내 일에 간섭한다고 투덜대기도 한다.
하지만 바꿔 생각하면 내가 하는 일에
믿음을 가지고 있지 않다는 증거다.

몇 년 전 3M 시절의 정민영 부장은 내게 늘 "일은 빼앗는 것"이라고 강조했었다. 이 말은 일을 많이 하라는 뜻이 결코 아니다. 일을 주도적으로 하라는 얘기다. 상사가 간섭하지 못하도록 알아서 처리해야 한다. 자발적으로 동결한 것은 본인이 풀 수 있지만, 상사로부터 명령을 듣고 실행한 것은 자유롭지 못하다. 책임도 빼앗는 것이다.

이런 일이 있었다. 미국 본사에서 2백만 달러를 투자할 당시의 일이다. 디스켓 제작도 까다로운 일이었지만 디스켓을 포장하는 용지를 제작하는 일도 여간 힘든 일이 아니었다. 현재 한국 3M의 공장장인 당시의 강문성 대리는 이 문제를 해결하기 위해 미국 본사를 방문할 예정이었다. 나는 나대로 포장지는 제작기술의 문제가 아니라 마케팅의 문제라는 점 때문에 미국 본사를 방문하고 싶었다. 어떻게 포장지의 색깔과 로고가 마케팅에 영향을 미치는지 알고 싶었다.

그러나 강 이사는 나와 함께 미국에 가는 것을 이해하지 못했다. 왜 일개 영업대리가 자신과 함께 미 본사에 가야 하는지 알 수 없다는 표정이었다.

나는 이 사람의 일을 빼앗아야 했다. 그래서 나는 "포장지는 감싸는 부분이지만 기업으로 보자면 얼굴이다. 어찌 마케팅의 한 분야가 아닐 수 있겠는가."라며 그를 설득했다. 마케팅은 생산과 절대 떨어질 수 없다고 설명하자 강 이사는 그제서야 고개를 끄덕거렸다. 이렇게 해서 나는 미국 본사를 방문할 기회를 얻을 수 있었고, 그들의 생생한 마케팅 기법을 느낄 수 있었다.

우리는 상사들이 너무 지나치게 내 일에 간섭한다고 투덜대기도 한다. 하지만 바꿔 생각하면 내가 하는 일에 믿음을 가지고 있지 않다는 증거다. 반성의 여지를 체크해 보아야 할 일이다.

상사에게 틈을 주어서는 안 된다. 내가 먼저 생각하고, 계획을 짜고, 추진해야 한다. 즉, 능동적으로 업무를 해야 한다는 뜻이다. 약간의 마찰이 있더라도 이것은 '건설적인 충돌(constructive confrontation)'에 불과하다. 수동적으로 일하면서 일에 만족을 느끼지 못하는 것보다 백배 낫다. 오늘도 나는 생각해 본다. 누구 일 좀 빼앗을 수 없을까?

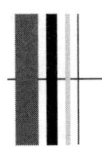

이메이션은 분사해서 성공했다

미국에서는 스핀오프를 통해서
새로운 우량기업으로 성장한 사례가 많다.
즉, 스핀오프도 M&A 못지않게
기업 구조조정의 한 방편으로
고려해야 한다.

기업 내의 구조조정과 함께 기업 외부와 산업 전체의 구조
조정은 주로 M&A 방식을 따른다. M&A는 기업과 기
업간의 합병, 혹은 인수기업이 피인수기업의 주식이나 자산 취득
을 통하여 경영권을 획득하는 것이다. 그런데 외환 위기 이후 빅딜
과 관련해 이 분야에 대한 관심이 늘면서 M&A가 기업회생의 전
부인 것으로 잘못 알려지기도 했다.

이런 M&A와 달리, 기업을 둘로 나누거나 사업부를 떼어내 새
로이 독립시키는 스핀오프(Spin-off), 혹은 스플릿오프(Split-off)
의 두 가지 방식이 있다.

스핀오프란 다각화 등으로 방대해진 조직에서 기존 전통사업 영
역과 맞지 않는 사업부분이나 기술부분을 따로 분리시켜 별도의
법인을 만들고, 별도 법인의 주식지분을 모(母)기업 주주들에게

지분율에 따라 배분하는 방식이다. 이때 대부분의 경우 주식 공개를 전제로 하며, 분리 독립된 기업의 관련 임직원이 모두 옮겨가는 것이 일반적인 관행이다. 미국에서는 스핀오프를 통해서 새로운 우량기업으로 성장한 사례가 많다. 즉, 스핀오프도 M&A 못지않게 기업 구조조정의 한 방편으로 고려해야 한다.

스핀오프의 장점은 모기업과 분리된 기업 모두 핵심분야의 사업에 특화함으로써 전문기업이 될 수 있다는 것이다. 모기업은 매각 대금을 활용하여 재무구조를 개선시킬 수 있으며, 또 새롭게 유입된 자금으로 주력 핵심사업에 신규 투자재원으로 사용할 수 있다. 주주들의 입장에서도 주력 사업쪽으로 집중투자되므로 주가상승의 이득을 볼 수 있다.

가령 컴퓨터 디스켓이나 슈퍼디스크 LS-120으로 잘 알려진 이메이션은 3M에서 스핀오프된 신생기업이며, 네트워크 프린터로 유명한 Lexmark는 IBM에서 떨어져 나온 회사다. 또, 통신분야에서는 Lucent Technologies가 AT&T에서 분리 독립되었다. 스핀오프된 기업들은 주식분할을 통해 주식시장에 공개됨으로써 본래의 기업에서 완전히 별도 독립회사로 운영된다.

다양한 품목과 거의 전 산업에 걸친 다각화에 성공한 3M은 약 6만~7만 가지 정도의 제품을 판매하고 있다. 3M은 다른 회사를 M&A를 통해 사 오기만 했을 뿐 회사 자체를 분리해서 판다는 사실은 꿈에도 생각하지 못했다. 그러나 3M의 전통사업 영역과 시너지 효과를 내지 못하고 또 3M 문화와도 맞지 않는 정보기술 및 이미징 사업부를 결국 96년 7월 스핀오프하고 말았다.

이렇게 해서 탄생한 이메이션은 2년 이후 더 강력한 집중화 전략을 위해 메디컬 이미징 사업부를 코닥에 팔았다. 이 때문에 이메이션은 건전한 재무구조와 특화된 사업분야로 2000년 포춘 지에서 창업된 지 몇 년도 안 되어 컴퓨터 주변기기 분야 업체 중 3위에 랭크될 수 있었다.

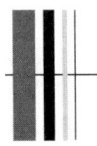

끊임없이 승부를 거는
사람만이 도약할 수 있다

쥐도 여러 마리를 가두어서
서로 싸우게 만들면 더욱 건강해지고
털에 윤이 난다고 한다.
경쟁은 동물까지도
강하게 하는 역할을 한다.

끊임없이 승부를 거는 삶은 때로는 피곤한 것처럼 느껴지기도 한다. 경쟁이라는 단어 자체가 우리에게 주는 억압적 의미가 크기 때문일 것이다. 그러나 나는 승부를 거는 행위는 자연에 순응하는 행위라고 생각한다. 경쟁 상대가 있는 사람의 눈은 반짝거리고 피부에는 윤기가 난다.

쥐도 여러 마리를 가두어서 서로 싸우게 만들면 더욱 건강해지고 털에 윤이 난다고 한다. 경쟁은 동물까지도 강하게 하는 역할을 한다. 어쩌면 경쟁은 자연의 섭리일지도 모른다.

승부를 거는 것이 피곤한 것이 아니라, 승부를 피하는 것이 더 사람을 왜소하고 작게 만든다. 승부 끝에 져도 상관없다. 실패는 언제나 성숙의 원동력이다.

이렇듯 성공과 실패의 순환 속에서 우리는 남의 능력을 인정하고 존중하는 정신을 갖는다. 내 자신을 보기는 힘들어도 남을 통해 나를 보는 것은 쉽다. 타인과의 경쟁은 결국 나의 모습을 올바로 보는 데 큰 도움이 되는 것이다. 그래서 승부를 거는 것에 익숙한 사람은 멋진 사람이 된다.

이제 한국 여성들은 남성들에게 승부를 걸어 500여 년의 유교적 전통과 관습에 도전해야 한다. 더 이상 기다려서는 안 된다.

세상을 바꾸려면 승부를 걸어야 한다. 그리고 이겨야 한다. 전문경영인들은 능력과 경영성과로 승부를 걸어야 한다. 적당주의가 통하는 시대는 지났다. 전문경영 시대는 개개인의 역량에 달려 있다. 샐러리맨들은 프로의식과 전문적인 능력으로 승부를 던져야 한다. 연공서열이나 적당주의의 관습에서 벗어나 내일의 승부를 위해 달려가 보자.

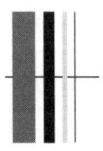 우리도 세계적인 기업이 필요하다

경쟁의 차원에서
더 나은 경영기법이 개발된다면
더욱 바람직할 것이다.
내 개인적인 욕심으로는
우리 한국을 대표하는 세계적 기업이
다섯 개 정도만 생겨났으면 한다.

네덜란드 하면 필립스, 핀란드 하면 노키아, 스위스 하면 네슬레와 같이 각 나라마다 대표적인 기업이 있다. 세계 시장이 글로벌화되면서 많은 기업들이 국제화를 추진해 가지만, 실제로 성공하는 기업은 별로 많지 않다. 반면, 위의 세계적인 기업들은 정말로 그 나라를 대표할 수 있는 글로벌 기업으로 우뚝 서 있다.

우리 나라도 여러 기업들이 해외시장에 진출하고 세계화 전략을 시도했지만, 몇몇 기업을 제외하고는 성과가 미비하다. 사실 우리 현실에서 3~4개 기업이라도 진정한 글로벌화에 성공하여 이름을 날린다면 대한민국의 경제 미래는 밝을 것이다.

이런 관점에서 내 개인적인 시각으로는 삼성전자가 가장 앞서 있다는 생각이 든다. 일단 브랜드 인지도가 높다. 전세계 어디를 여행해도 세계인들은 한국 하면 삼성 브랜드를 얘기한다. 그 중에서도 특히 삼성전자를 꼽는다. 물론 Hyundai(현다이)라는 이름도 상당히 유명하다. LG, 또는 대우를 얘기하는 사람도 많았다.

하지만 최근 세계 곳곳을 다녀 보면 삼성의 브랜드 파워가 상당히 강해져 있음을 피부로 느낄 수 있다. 얼마 전 인터브랜드사가 작성한 가치평가 보고서에 의하면 삼성의 브랜드 가치는 52억 달러로, 펩시콜라의 59억 달러에 바싹 다가섰다고 한다. 불과 몇 년 전만 해도 불가능하다고 할 일이었다.

지난 해부터 한국에서는 벤처기업이나 인터넷기업의 가치가 폭발적으로 상승하고 있지만, 짧은 시간에 글로벌 경쟁력을 가진 세계적인 규모의 기업이 되기는 어려울 것이다. 역시 이런 글로벌 경쟁력은 대기업들이 앞장서서 쟁취해야 될 것으로 보인다.

국제경영의 시각에서 보면 우리도 서너 개 정도의 세계적 브랜드를 가진 다국적 기업만 가진다면 국가 경쟁력도 상당히 향상될 것이다. 어느 나라고 현재의 경제 시스템에서 국가 경제의 골간은 역시 기업이고 보면 글로벌 기업의 존재 여부는 국부와 연결되는 중요한 것이다. 나는 그런 점에서 삼성전자를 글로벌 기업의 좋은 예로 생각한다.

나는 3M에 있는 동안 삼성전자와 공동 투자 관계로 몇 년 동안 일해 본 적이 있다. 몇 가지 미흡한 부분은 있었지만 정말 훌륭한 점도 많았고 배울 점도 많았다.

우선 삼성전자는 상당히 계획적이고 준비가 철저한 기업으로 내 기억 속에 남아 있다.

둘째, 삼성전자는 사장과의 대화를 포함하여 모든 대화가 기록

된다는 사실이 내겐 놀라웠다. 강진구 회장과 몇 번 면담을 한 적이 있었는데, 나는 우리의 모든 대화 내용이 기록된다는 것을 모르고 있었다. 나는 이것을 정보 공개의 차원에서 긍정적으로 이해한다. 내가 삼성전자에서 했던 강연이 자료로 정리되어 사내 직원들에게 다시 읽힐 수 있는 것처럼, 내가 강 회장과 나눈 대화의 기록도 필요한 사람들에게 읽혀 도움이 된다면 그 또한 의미 있는 일이라고 생각한다.

셋째, 삼성전자의 기술 수준은 소니나 필립스 같은 업체들과 견줄 만하다고 한다. 그것은 디지털시대에 더욱 빛을 발할 수 있을 것으로 보인다.

이처럼 국내 대기업 중 한 곳이 발전하고 앞설수록 나는 LG나 SK, 또 현대 같은 대기업도 자극을 받을 것으로 본다. 우수한 경영모델은 이전될 수도, 벤치마킹할 수도 있다. 경쟁의 차원에서 더 나은 경영기법이 개발된다면 더욱 바람직할 것이다. 내 개인적인 욕심으로는 우리 한국을 대표하는 세계적 기업이 다섯 개 정도만 생겨났으면 한다.

00000100000111010110000000000100
0110000010000011101011000000000000100 00
10101100000100000111010110000000000100

최선의 교육이란
자신에게 베푸는 교육이다

5장
....
학습경영

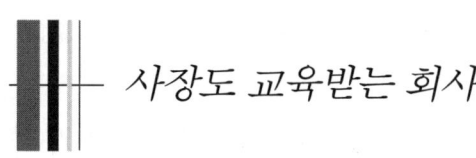

사장도 교육받는 회사

누군가 자신의 경영을 평가해 주고
조언해 주는 상사가 없다면 그때부터는
실패의 늪에 빠질 가능성이 높다.

강연을 나가면 심심찮게 느껴지는 것이, 사장이나 전무 등 최고경영진들은 강연장에 나타나지 않는다는 점이다. 이들은 그저 강연이 시작되기 전 사장실에서 명함이나 주고받고 날씨 얘기나 하면서 나를 접견할 뿐 정작 강연장에는 나오지 않는다. 교육을 받을 필요가 없을 만큼 실력이 뛰어나든가, 게을러서 강연장까지 올 수 없든가 둘 중 하나다.

사장이 되면 가장 경계해야 할 것 중 하나가 자신이 교육을 받을 수 없는 상황에 놓여지는 일이다. 누군가 자신의 경영을 평가해 주고 조언해 주는 상사가 없다면 그때부터는 실패의 늪에 빠질 가능성이 높다.

다행히 주위에 자신에게 조언을 해줄 전문가가 있고, 그 충고를 받아들일 열린 안목을 가진 사람이라면 계속 사업을 키워 나갈 수 있을 것이다. 그러나 그렇지 않은 경우엔 도처에 널려 있는 위험을 요령 있게 피하기 어렵다.

이런 점에서 샐러리맨은 사장보다는 실패할 수 있는 확률이 적은 셈이다. 누군가는 이들의 일을 평가해 주고 다른 시각을 던져 줄 수 있는 상황에 노출되기 때문이다. 회사의 오너도 샐러리맨 마인드를 갖추어야 한다는 비판은 이런 점에서 옳다.

삼성생명 최고경영진은 이런 점에서 한번 눈여겨볼 만하다. 고위임원들은 물론이고 대표이사 사장까지 전원이 교육에 참석하여 열심히 듣는다. 삼성생명의 배정충 사장이나 신은철 대표는 나보다 나이가 열 살 정도 많은데도 "젊은 사람이 어떻게 그렇게 많은 공부를 했습니까?"라며 겸손하게 내 강연에 높은 가치를 부여한다.

후배의 말에 귀를 기울이는 조직은 앞으로 더 성장할 수 있는 기업문화를 갖춘 곳이다. 이렇듯 가치를 인정해 주는 기업은 강연료도 한국에서 최고의 대우를 해준다. 아마 국내 기업에서 이만큼 주는 기업도 없을 것이다.

그렇기 때문에 나는 삼성생명에 강연을 하러 갈 때면 새로운 사고를 전달하기 위해 열심히 준비한다. 예전에 쓰던 자료, 혹은 다른 회사에서 강연한 자료는 절대 재탕해서 쓰지 않는다. 나 역시도 강연을 계기로 발전한다고 믿고 있기 때문이다.

이런 풍토가 선순환하면 국내 강연 문화도 상당히 고급스러워질 것이고, 수많은 스타 강사들과 값진 경영 노하우들이 개발될 것이다.

이런 문화는 바로 '사장부터 교육' 받는 것에 흥미를 느껴야 시작될 수 있다. 샐러리맨으로서 최고의 위치에 앉은 사람이 자기 개발과 변화에 게으르다면 기업의 미래는 뻔하다. 교육에 민감한 사람은 변화에도 민감하고 적절하게 대응할 수도 있는 것이다.

　이메이션 코리아도 교육은 위에서부터 받는 것이라는 생각에서 회사지원 MBA 프로그램을 경영진부터 적용하고 있다.

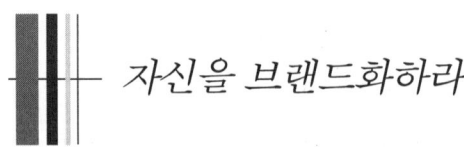

자신을 브랜드화하라

나는 이정현 씨가
끼와 꾼이 결합된 사람이라고 본다.
끼가 자질이라면 꾼은 전문성이다.
자질과 노력을 갖추었다는 얘기다.

나는 연예가 소식에 굉장한 관심을 갖고 있다. 주위에서 나를 '연예정보통'이라고 부르는 이유도 내가 이런 것을 좋아하기 때문이다. 연예인들의 사생활이나 키, 몸무게 등에 대한 정보는 없지만, 어떤 퍼포먼스를 하고 어떤 마케팅 전략을 쓰는지는 유심히 지켜본다. 연예인들을 다른 각도로 보는 것이다.

나는 특히 가수 이정현 씨를 좋아한다. '바꿔'라는 노래는 일반 팬들은 물론이고 정치권에서도 애창되는 노래가 되었다. 이정현 씨는 원래 영화배우로 연예가에 들어왔다. '꽃잎'이라는 영화가 이정현 씨의 데뷔작이라고 한다. 그 뒤 그는 가수로 변신했고, 테크노 춤과 개성 있는 노래로 일약 스타가 되었다.

나는 이정현 씨가 끼와 꾼이 결합된 사람이라고 본다. 끼가 자질이라면 꾼은 전문성이다. 자질과 노력을 갖추었다는 얘기다. 이정현 씨는 절대 누굴 흉내내는 스타일이 아니다. 춤도 따로 전문 안무가를 두지 않는 것으로 알고 있다. 대부분 자신이 개발한 춤이라는 것이다. 그러다 보니 쇼 프로그램에서 비춰지는 이정현 씨는 마치 무당이 혼신의 힘을 다해서 작두춤을 추듯 몰입하는 모습을 보여 준다. 그 정도로 몰두하지 않으면 되는 일이 없는 것이다.

이런 점에서 보면 가수 박진영 씨도 만만치 않다. 윗도리를 벗고 사진을 찍는가 하면, 노래와 춤은 나 같은 문외한에게도 멋있다는 느낌을 준다. 박진영 씨는 단지 노래와 춤을 추는 전문 가수에 머물지 않고 또 다른 자신을 창조하고 있어 더 인상적이다. 세간에 인기를 끌고 있는 그룹 GOD를 매니징한 것이나, 이제 갓 초등학교 5학년짜리를 인기 있는 춤꾼으로 발굴한 안목도 갖고 있다. 끊임없이 자신을 업데이트하고 창조하는 모습을 볼 땐 나도 덩달아 신이 난다.

국내 최고 인기 가수 중 하나인 조성모 씨도 그렇다. 이들은 모두 자기를 만들어 가고, 자기를 브랜드화하는 사람들이다.

우리의 이름을 브랜드화하는 예를 들자면 이렇다. 김 대리는 술하나는 잘 먹는다, 박 과장의 영어 실력은 누구보다 뛰어나다, 김 부장은 기획분야에 으뜸이다, 최 대리는 유통업계 정보분야에 훤하다 등 자기 이름에 어울리는 브랜드를 하나씩 갖는다면 그때부터 이 샐러리맨은 뜨게 된다.

전문분야를 세분화할수록 독특한 자기분야를 개발할 수 있다. 오너가 이 분야의 인력이 필요하면 바로 이 사람을 발탁하게 되는 것이다. 요즘 같은 경우에는 인터넷 박사(학위가 아니라 실기로)가 될 정도의 실력으로 열심히 공부해서 포지셔닝을 구축하면 대성공할 것이다.

이렇게 되려면 자기 희생이 따라야 할 것이다. 투자하고 연구하고 공부해야 하니까. 또, 선배들이나 이 분야의 전문가들을 찾아가 대화도 하고 정보도 얻어야 하니 그리 만만한 일은 아니다. 그러나 자신을 끊임없이 재창조하고 변화시키는 노력이야말로 우리가 매일 아침을 즐겁게 맞을 수 있는 비결이다. 자신을 브랜드화하자는 애기는 결국 자신의 삶에 CEO가 되는 것이다.

그렇다면 어떻게 자신의 브랜드를 갖고 리더십을 만들어 갈 수 있을까? 우리는 너무 지나치게 자기 인생을 감상적으로 대하는 건 아닐까. 운명이니 팔자소관이니 하면서 자기변명과 합리화에 골몰하는 사람이 많다.

리더십은 먼저 자신을 정확히 분석하고 강점과 약점을 정확히 인식하는 데서 출발한다. 자신이 되고자 하는 꿈과 비전이 명확해야 한다. 이를 위해 집중하는 노력이 필요하다.

자기 리더십이란 남에게는 관대해도 자신에게는 엄격한 것을 말한다. 남에게 관대하면 상대방의 약점보다는 강점이 눈에 보인다. 상대방을 인정하면 그의 능력을 어느새 내 것으로 만들 수 있는 것이다. 반면, 자신에게 엄격하면 스스로의 단점이 보인다. 그러면 그 단점을 고치기 위해 부단히 노력할 수 있고, 자신을 진정으로 컨트롤할 수 있는 경지에 이르게 되는 것이다.

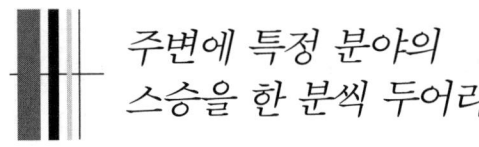

주변에 특정 분야의
스승을 한 분씩 두어라

'책 많이 읽는 사람은 도둑이고
안 읽는 사람은 양심적' 이라는 옛말이 있다.
불과 몇천 원밖에 안 되는 책값으로
저자의 모든 경험과 지식을 공유한다는 것은
어찌 보면 도둑에 가깝다는 생각에서
비롯된 말인 듯하다.

성공한 사람과 실패한 사람의 차이는 아주 간단할지 모른다. 성공한 사람들은 자기개발을 위해 훨씬 더 많은 노력과 시간을 투자한 사람이다. 그리고 크게 성공한 사람과 일반적으로 성공한 사람의 차이는 얼마나 체계적이고 전략적으로 자기개발을 지속해 왔느냐에 달려 있다.

사람들은 학교를 떠나 사회로 진출하면서 졸업과 더불어 학교 공부는 끝났다고 생각할지 모르지만, 진정한 의미의 공부는 사회에서 직장생활을 하면서 시작된다. 대개 샐러리맨들은 그저 현실에 안주하면서 책 한 권 제대로 읽지 않는 경우가 허다하다. 하지만 직장인들에게 자기개발의 중요성은 아무리 강조해도 지나치지 않다.

내가 3M에 처음 입사하던 해인 1982년, 당시 정민영 영업본부장(현 존슨앤존슨 메디컬 사장)은 자기개발을 엄청나게 강조했던 분으로 기억한다. 정 사장은 매주 토요일마다 전 부서원이 회의실에 모여 특별한 주제를 가지고 몇 시간씩 토의를 하도록 했다. 미팅 이름도 자기개발(Self-development)이라는 영어 단어의 첫 스펠링만 따서 SD 미팅이라고 불렀다. 이 시간의 발표자는 자료를 수집하고 치밀하게 사전 준비도 했다.

처음에는 익숙지 않아 힘들었지만 점차 우리 실력이 늘어 가는 것을 느낄 수 있었다. 무엇보다 도움이 되었던 것은 내가 무엇을 모르고 있었는지를 알아 가는 과정이었다. 지식사회에서 가장 무서운 적은 아마도 내가 무엇을 모르는지 모른다는 무지일 것이다.

우리가 당시에 다룬 주제는 마케팅, 세일즈, 그리고 시사성이 있는 다양한 주제였다. 모든 참석자들은 발제자의 발표를 듣고 5분씩 돌아가며 얘기를 했다. 이런 토론 문화로 인해 우리가 책방을 찾는 횟수는 점차 늘게 되었다.

그렇다면 자기개발은 시작은 어디에서 비롯되는 것일까. 우선은 일간지나 경제지 등을 보면서 하는 것이 좋다. 다음은 자기 직업과 관련된 전문잡지나 경제잡지를 읽으면 된다. 원서로 읽으면 영어 공부도 되고 좋다.

그 다음은 자료를 수집하는 일이다. 많은 자료를 수집할 필요는 없지만, 어디서든 발표할 기회가 있을 때 활용할 수 있는 중요한 자료라고 생각한다면 체계적으로 모아 둔다.

자기개발의 정점은 역시 다른 사람 앞에서 자기 의견을 발표하거나 전문 주제를 갖고 청중을 대상으로 강의나 강연을 해보는 것이다. 처음에는 두렵고 힘들겠지만 한두 번 지나고 나면 이것보다

확실한 자기개발 효과 방법은 없다는 것을 알게 된다.

다른 사람 앞에 서기 위해서는 사전준비가 필요하고, 그들 앞에서 강연을 하는 동안 자신도 모르게 전체적인 내용이 체계적으로 정리된다. 게다가 새로운 사람들과의 교류를 통해 폭넓은 지식과 정보를 얻을 수 있어 더욱 좋다.

그러나 역시 자기개발의 가장 총체적인 실천은 남을 가르치는 것이다. 남에게 뭔가를 보여 주기 위해서는 내가 무언가를 갖고 있어야 한다는 깨달음은 자기개발의 훌륭한 원동력이 되기 때문이다.

세상의 모든 생물체가 우주에서 영양분을 얻어 성장하듯 인간도 지속적인 성장을 필요로 한다. 사람은 남을 통해 배움의 깨우침을 얻지만, 자신의 내면적인 통찰과 성장은 스스로 터득했을 때 가장 값지다.

또 한 가지 말하고 싶은 자기 개발의 비결은, 한 사람이 모든 분야를 다 잘하기는 어려우므로 자기 주변에 특정 분야에 정통한 선생(Mentor)을 한 분씩 두는 것이다. 컴퓨터, 인터넷, 마케팅, 영어, 중국어, 여행, 수집 등 특정 분야에서 선생님을 한 분씩 모셔 보자. 혼자 할 수 있는 일은 적다. 하지만 남과 더불어, 또 남을 통해 내 목표가 성취된다면 그것은 매우 기쁜 일이다.

나는 3M 영업사원으로 일할 때 마케팅 전문가들을 찾아다니며 묻고 들으며 그들의 경험을 공유했다. 이름만 들어도 알 만한 사람들을 찾아가 귀찮으리만큼 끈질기게 물어 알게 된 것이 지금은 실무적으로 상당한 도움이 된다. 그래도 모르는 것들은 관련분야의 책을 탐독해 알 때까지 물고 늘어졌다. 그러다 보니 그 분야의 책을 쓴 저자는 나의 사이버 스승인 셈이다.

모르는 분야의 한계를 극복하기 위해 독서만큼 좋은 해결책은 없지만, 당장 써먹을 수 있는 지식이 되려면 전문가들에게 듣는 것이 가장 빠르다. 이런 측면에서 인적 네트워크 구성은 성공을 위해 샐러리맨들이 필수적으로 구축해야 될 분야다. 여러 분야에서 전문가들의 도움을 받아 그들과 협력하고 때로는 경쟁하면서 우리는 더욱 성장할 수 있는 것이다.

이메이션 코리아는 자기개발을 위해 책을 보는 직원들에게 책값을 대신 내 주고 있다. 처음에는 이런 제도를 적극적으로 이용하는 사람이 없었다. 그래서 나는 아예 책 40여 권을 사서 회사 책상에 죽 늘어놓았다. 그리고는 마음에 드는 책을 골라 가라고 했다.

'책 많이 읽는 사람은 도둑이고 안 읽는 사람은 양심적'이라는 옛말이 있다. 불과 몇천 원밖에 안 되는 책값으로 저자의 모든 경험과 지식을 공유한다는 것은 어찌 보면 도둑에 가깝다는 생각에서 비롯된 말인 듯하다. 나는 직원들이 책을 읽고 그 분야에 대한 지식을 늘릴 수 있다면 그게 바로 투자라고 생각한다.

우리는 또 1년에 한 명씩 직원들에게 대학원에 진학할 수 있는 기회를 제공한다. 물론 학비는 전액을 회사가 부담한다. 이런 정책은 직원들의 사기와 애사심을 높이는 역할을 하고 있다.

나는 단순한 성공보다는 노력을 통해 목표한 바를 이루는 성취를 더 중요하게 여긴다. 단지 성공에 목표를 두었다면 나는 여기까지 올 수 없었을 것이다. 내가 가장 좋아하는 말을 영어로 그대로 옮겨 보겠다.

"세상은 늦다고 생각할 때가 가장 빠른 때다.(It's never too late to be what you might have been.)"

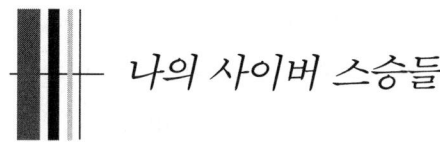

나의 사이버 스승들

사이버 스승들이 갖고 있는 명성과 위치에
내가 도전해야 한다.
이것은 꿈 같은 얘기일지 모르지만
꿈이 있다는 사실이
나를 더욱 신나게 만든다.

기업을 경영하는 입장에서는 주위의 조언을 받고 도움을
받는 경우가 많다. 하지만 개인적으로 나는 많은 비용을
들여 가면서 받는 컨설팅에 회의적이다. 컨설팅 자체는 긍정적인
면이 많을지 몰라도 컨설팅을 제공하는 컨설턴트들의 면면을 보면
그렇지 못한 경우가 있을 수 있기 때문이다. 너무 현실감각이 결여
되어 있는 경우가 많고, 비즈니스 능력이 부족하다. 단지 학교에서
공부 잘하고(?) 미국의 명문 MBA를 거쳤다는 것만으로 뛰어난
컨설턴트라고 말할 수는 없다.

최근에 한국 대기업들이 맹목적으로 미국 컨설팅 회사에 많은
용역비를 지불하고 그 내용들을 금과옥조처럼 모시는 경우를 보았
다. 컨설팅이 필요한 경우가 있는 것은 사실이지만, 정말 필요한
것은 올바른 컨설팅이다.

나는 컨설팅 한번 받아 본 적 없지만 좋은 성과를 낸 경우는 굉장히 많았다. 여기에는 내 나름대로의 비결이 있다. 그 비결은 Self-consulting을 받는 것이다. 내 자신이 경영자이면서 동시에 컨설턴트가 되는 것이다. 세상 일을 혼자 하는 것보다는 여럿이 하는 것이 낫다는 것은 모두가 아는 상식이지만, 어쩌면 가장 실천하기 어려운 일 중 하나인지도 모른다.

그래서 나는 오래 전부터 사이버 스승 세 분을 모셔 왔다. 비록 수업료는 내지 않지만, 항상 가까이 두고 배울 수 있으니 사이버 세상이 좋은 면도 많다.

첫번째는 현대 경영학을 창시한 피터 드러커 교수이다. 나이가 90이 넘었지만 아직도 연구활동이 왕성하고 젊음이 넘치는 분이다. 이분을 통해서는 경영철학, 경영의 방향, 미래의 조직, 지식사회 등을 배웠다.

그 다음은 하버드의 마이클 포터 교수이다. 전략의 대가로서, 차별화 개념과 가치사슬 체계를 소개한 분이다. 최근에는 차별화라는 용어가 즐겨 쓰이지만, 예전에는 일반인들이 잘 모르는 개념이었다. 몇 년 전에 서울 하이야트(Hyatt) 호텔에서 초청 강의도 들은 적이 있다.

마지막으로 톰 피터스를 나는 가장 좋아한다. 괴짜 같고 정말 특이한 분이면서 무궁무진한 창의력을 가진 분이라는 것을 느낄 수 있다. 책의 내용을 보아도 일반인과 다른 독창적인 발상을 많이 하고 있음을 금방 알 수 있다. 이분은 아이디어 발상에 정말로 비상한 것 같다. 톰 피터스의 다음 역작이 기대되는 것도 이런 이유 때문이다.

이 세 분은 나의 사이버 스승이면서 동시에 나의 글로벌 경쟁자이다. 위의 스승 세 분이 가진 식견과 지혜, 그리고 혜안과 통찰력을 나도 길러야 한다고 생각한다. 때로는 나를 충전시키기 위한 자극제로 이분들을 바라본다. 이분들이 갖고 있는 명성과 위치에 내가 도전해야 한다. 이것은 꿈 같은 얘기일지 모르지만 꿈이 있다는 사실이 나를 더욱 신나게 만든다.

데이비드 티렌의 '빌 게이츠 따라잡기'를 보면 안데르센의 동화 '임금님의 새옷'을 현대 비즈니스맨 버전으로 고쳐 임금님은 대기업의 최고경영자로, 재단사는 컨설턴트로 묘사하고 있다. 컨설턴트들은 최고경영자에게 세상에서 가장 아름다운 최첨단 소재의 천으로 만든 옷을 권한다. 물론 이 옷은 무능하거나 어리석은 사람의 눈에는 보이지 않는다.

최고경영자가 연례회의에 이 옷을 입고 나타나자 어떤 하위직원이 "최고경영자는 아무것도 입지 않았다!"고 외친다. 경비원들이 이 직원을 인사과로 데려가 배지가 회사 규정보다 약간 작다는 '중대한' 규정 위반을 기록하는 동안 회의장에서는 이런 상황이 다시는 재발되지 않도록 할 토론이 벌어진다.

그날 오후 그 직원은 경고장을 받고, 다음날 모든 직원들의 정신교육이 계획된다. 이틀 후에는 '올바른 회의절차'에 관한 메모가 중간관리자들에게 전달되고, 다음주에는 '특별한 옷'의 가치를 상세화하는 부서별 모임이 개최된다. 일주일 후 컨설턴트는 장기계약과 동시에 자동차와 고액의 연봉을 보장받으며, 한 달 후 문제의 직원은 반항 행위와 무능력의 이유로 해고당한다. 그 후 영원히, 최고경영자는 회의 때마다 그 옷을 입고 나타나고 사람들은 옷에 대한 찬사로 침이 마른다. 해고된 직원은 다른 일자리를 알아보지만 어느 회사도 '혼란을 야기하는 말썽꾼'을 고용하려 하지 않는다.

어렸을 때 그랬던 것처럼 어른이 된 지금도 이 이야기는 재미있다. 그러나 아직까지 제대접을 받지 못하고 있는 우리 샐러리맨들은 씁쓸함을 감출 수 없을 것이다. 이 시대를 살아가는 최고경영자들에게 날카로운 지적을 하고 있는 현대 버전의 이 동화는 우리 모두에게 시사하는 바가 크다.

제품을 팔지 말고 솔루션을 팔아라

팬티 만드는 업체의 세일즈맨은 목욕탕에 가서
소비자들이 어떤 팬티를 입고 있는지,
연령별로 어떤 색깔을 선호하는지
유심히 살펴보는 열성이 있어야 한다.

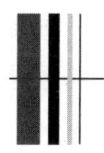 업을 시작할 때 배우는 것이 바로 '솔루션을 팔아라' 하는 말이다. 예를 들면 이런 거다. 수세미는 식기를 깨끗하게 하는 용도로 쓰인다. 소비자들이 수세미를 구매할 때 고려하는 첫번째 사항은 과연 잘 닦이는가 하는 점이다. 따라서 수세미를 팔 때는 '청결'을 팔아야 한다.

둘째는 아이디어를 판다. 수세미의 다양한 쓰임새를 팔라는 얘기다. 이렇게 하려면 철저하게 약장수가 되어야 한다. 수세미 하나면 주방의 모든 일을 손쉽게 해치울 수 있다는 확신이 들도록 주부들의 시선을 잡아끌어야 한다.

"이 수세미를 이렇게 이용하면 구석구석 밥알갱이들을 말끔히 씻어내 줘. 10분 손에 물 묻힐 것을 1분이면 끝내 줘~."

이렇게 주부들이 쏙 빠져들 만한 아이디어를 제공하면 자연 시선을 모을 수 있다. 소비자가 마음의 결정을 끝내고 구매하려는 행동에 들어가면 슬쩍 다른 수세미도 보여 주고 또 다른 용도를 설명해 준다. 그러니까 2~3개의 서로 다른 수세미를 한꺼번에 팔아야 진정한 세일즈맨이 될 수 있는 자격이 있는 것이다.

능력 있는 세일즈맨은 주문을 받는 것(Get order)에 만족하지 않고 주문을 창조하는 것(Create order)에 보람을 느낀다. 흔히 영업하는 사람들은 주문을 받는 것을 영업의 끝이라고 생각하는데, 이것은 소극적인 영업에 불과하다. 가능하면 여러 가지 이유를 대면서 주문량을 늘릴 능력이 있어야 한다. 안 되면 직접 판매대에서 호객행위를 해서라도 팔겠다는 모습을 보여 주면서 주문량을 늘리는 과감성을 갖추어야 한다.

셋째는 신뢰를 팔아야 한다. 내 신뢰를 유지하는 방법은 간단하다. 한마디로 말하면 '약속은 적게, 실천은 많이(Under-promise, Over-deliver)' 이다. 기대는 적게 갖도록 하고, 실제로는 더 많은 것을 주면 대부분의 사람들은 나를 믿음직하게 여긴다.

사람은 어차피 서로에 대해 언젠가는 실망할 가능성이 높다. 알면 알수록 상대방의 단점을 찾게 되는 것이 속일 수 없는 우리의 본모습이 아닌가. 처음부터 많이 알게 되면 금방 싫증을 내는 이유도 여기에 있다. 부부간의 관계도 그렇고, 친구들과의 우정도 그렇다. 처음에 별 감정 없이 시작한 관계가 시간이 흐를수록 끈끈한 관계가 되어 가는 모습을 나는 많이 보아 왔다. 그래서 나는 장기적으로 관계를 맺기로 작정한 사람들에게는 일부러 나의 진면목을 무리하게 많이 드러내지 않는다.

한국에서는 기업체 중역이나 개인 사업체의 대표들이 재학습이나 사교를 목적으로 대학원에서 실시하는 최고경영자 과정에 등록한다. 나도 연세대 경영대학원에 들어가 과정을 마쳤다.

이 과정의 특징은 부부가 같이 수업을 받고, 친목모임을 함께하는 것이다. 이런 이유로 이곳은 등록 경쟁이 치열하다.

여기서 만난 분들은 처음에 나에 대해 미국식 사고를 갖춘 까다로운 사람 정도로 생각했다. 그러나 시간이 지날수록 이분들은 나에 대해 평가를 다르게 한다. 마주 대하기 편한 사람이라든가, 진국이라든가, 정이 있는 사람이라고 내게 말해 준다. 나에 대해 아는 것이 많은 사람일수록 나의 가치를 올바로 알아준다.

물론 나도 이런 사람들을 좋아한다. 시간이 흐를수록 더욱 매력적인 사람 말이다. 그래서 나는 사람을 사귈 때 서서히 나를 보여준다. 나 자신에게도 이렇게 말한다. 냄비가 되지 말고 뚝배기가 되자고. 가면 갈수록 더 멋있어지는 사람이 남에게 받는 신뢰도 크다.

마지막으로, 세일즈맨은 철저히 현장에 있어야 한다. 평범한 말 같지만 실천하기는 힘들다. 얼마 전 우연히 만난 BYC 직원의 얘기를 잠깐 하자.

나는 지금도 매장에 가서 디스켓과 공CD를 직접 팔아 본다. 사장이 됐다고 해서 내 영업방식이 달라지는 것은 없다. 우직하게 현장을 지키다 보면 뜻하지 않게 좋은 아이디어도 얻을 수 있고, 소비자들의 구매성향도 알 수 있어 더없이 좋은 교제가 되기 때문이다.

이날도 테크노마트 디스켓 판매점 앞에서 제품을 사러 나온 소비자들과 이런저런 얘기를 나눴다. 한번은 BYC사에서 근무하는 사람을 만났는데 세일즈를 담당한다고 했다. BYC사는 잘 알려져 있는 것처럼 내의를 전문적으로 생산하는 업체다. 그는 남성용 팬티를 직접 팔기도 하고 제품 디자인 기획회의에도 참석하는 업무를 맡고 있었다.

이런저런 얘기 끝에 나는 불쑥 "목욕탕에는 자주 가 보느냐."고 물어 봤다. 그랬더니 그는 내 질문에 고개를 갸우뚱하면서 "집에 욕조가 있어 목욕탕에는 잘 가지 않는다."고 대답했다. 그래서 나는 "고객은 감정을 갖고 있는 인간이다. 흔히 고객의 구매성향이나 기호 등을 조사해 그래프로, 그리고 문서로 만들어 읽어 보는 것으로 이들을 다 알았다고 판단한다면 오해다. 고객들이 최종 소비하는 곳에 가 보면 이들의 살아 있는 감성을 만날 수 있다."고 말했다. 내 말을 유심히 듣고 있는 그는 머리를 끄덕이면서 그러겠다고 말했다.

소비자의 구매성향은 마케팅 부서에 물어 봐서는 안 된다. 팬티 만드는 업체의 세일즈맨은 목욕탕에 가서 소비자들이 어떤 팬티를 입고 있는지, 연령별로 어떤 색깔을 선호하는지 유심히 살펴보는 열성이 있어야 한다. 그러다가 오해를 살 수도 있을지 모르지만, 까짓거 어떤가. 좋은 의미에서 소비자와 한판 붙어 볼 수도 있지 않겠나.

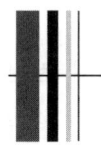

세일즈맨은 쇼핑하면서 강해진다

쇼핑을 통해서
세일즈맨의 판매기술이나 상품의 진열,
판촉 아이디어 등을 배울 수 있다.
쇼핑은 마케팅의 현장교육이고,
마케팅은 구매에서 시작된다.

일을 즐기면서 해야 능률이 오르고 더 잘 되듯이 쇼핑도 즐기면서 재미있게 할 때 훨씬 보람이 있다. 일반적으로 '쇼핑' 하면 여성들만이 특별히 좋아하고 돈 쓰는 일로 인식되어 있고, 남자들은 쇼핑과 담을 쌓고 살고 있다는 인식이 지배적이다. 남자들이 쇼핑을 좋아하면 주위에서 오히려 이상하게 보일까 걱정하기도 한다. 그래서 주말에 아내를 따라 쇼핑을 나온 남편들의 얼굴을 살펴보면 죽을 쑤는 표정을 짓고 있는 때가 많다. 직업이 마케팅 담당이거나 비즈니스맨, 심지어 마케팅을 전공하는 교수들도 쇼핑은 별로 좋아하지 않는 것 같다. 이해할 수 없는 일이다.

사실 이것은 앞뒤가 맞지 않는 얘기다. 쇼핑은 비즈니스나 마케팅과 직결된다. 비즈니스나 마케팅 활동에서는 내가 판매자지만, 쇼핑에서는 내 자신이 소비자가 된다. 자연히 쇼핑은 마케팅의 연장선상에 있는 그야말로 고객지향적 마케팅의 시작이다.

마케팅을 잘하기 위해서는 자신이 구매자의 입장에 서서 쇼핑 경험과 실제상황에 접해 보는 일이 중요하다. 최고의 마케팅 전략가가 되기 위해서는 최고의 쇼핑 실력을 갖춰야 하는 것이다.

흔히 해외여행이나 출장갔다 오는 길에 비행기 안에서 선물용으로 한 품목을 몇십 개씩 사는 통에 뒤에 앉은 사람은 제대로 구입해 볼 수 없는 경우를 많이 볼 수 있다. 그래서 아시아나 항공이나 대한항공의 면세품 판매가 유독 높은지도 모른다. 그러나 이런 사람들은 진정한 쇼핑에 소질이 없는 부류다. 쇼핑을 잘 못하는 사람들은 바가지를 쓰기 십상이다.

자기 제품을 팔기 위한 성공적인 마케팅을 기획해서 히트상품으로 만들려고 필사적으로 뛰고, 회의 시간에는 고객감동이다 하면서 좋은 표현은 다 갖다 쓰면서도 자신은 정작 쇼핑에 무관심하다면 중요한 포인트는 놓친 셈이다.

쇼핑을 물건을 사는 것으로만 이해해서는 안 된다. 좋은 물건을 사기 위해 두세 곳은 돌아다녀 보고, 브랜드마다 갖고 있는 특성들도 잘 파악해서 자신이 정말 원하는 상품을 신중하게 구입하는 것이 진짜 쇼핑이다. 쇼핑을 통해서 세일즈맨의 판매기술이나 상품의 진열, 판촉 아이디어 등을 배울 수 있다. 쇼핑은 마케팅의 현장교육이고, 마케팅은 구매에서 시작된다.

아내와 함께 쇼핑하는 재미를 붙여 보자. 최고의 감각 있는 남편으로 인정받을 수 있는 기회가 온다.

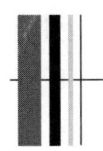

세리의 손과 사천왕상의 눈으로

사장이든 임원이든 현장에 있으려는
세일즈맨 정신이 없다면
고객을 감동시키겠다는 꿈은
접어 두는 것이 좋다.

산업자본 시대에 사업을 하려면 우선 대규모 부지에 큰 공장을 짓고 장엄한 굴뚝을 세우는 일이 급선무였다. 만들기만 하면 무조건 팔리는 시대에는 공장이 부의 원천이었다. 한국이 한창 개발도상국을 벗어나려고 발버둥칠 때에는 정부가 앞장서서 규제를 해제해 가며 이런 기업들을 키워 주었다.

그러나 이젠 세상이 너무 많이 변했다. 고객이 왕이라는 의미는 이젠 절대적이다. 공급업자 중심의 시장에서는 자연 기업의 최고 책임자는 공장에서 많은 시간을 보내고 생산규모를 증설하는 일과 그에 필요한 자금 조달이 가장 큰 업무였다. 회사 중역들도 자연 회사 대표를 따라 공장에서 보내는 시간을 중시했으며, 이것이 현장 중심의 활동이라는 평가를 받았다.

그러나 오늘날과 같이 소비 고객 중심의 시장상황과 다극화된 경쟁 구조에서는 현장의 의미가 완전히 달라졌다. 고객이 움직이고 고객이 물건을 구매하는 곳, 고객의 뜻이 살아서 나타나는 곳이 바로 현장으로 변한 것이다. 오늘날의 회사 경영자와 중역들은 더 많은 시간을 고객이 있는 현장에서 보내고 있다.

유망한 기업의 최고경영자는 혼자 가방을 들고 현장을 돌아다닌다. 고객을 만나 직접 그들의 소리를 들을 때 회사 경영자는 빠르고 정확한 의사 결정을 내릴 수 있다. 동시에 현장에서 나오는 고객의 소리를 회사 경영에 미리 반영할 수 있다. 요즘은 고객의 소리를 미리 반영하는 것이 핵심 경쟁력이다.

이런 의미에서, 현장에서 세일즈맨들을 우대하지 않는 회사는 미래가 없다. 회사 최고의 인재는 당연히 세일즈 일선으로 나가야 하고, 고객에게 인정받아야 한다. 제약업계에서 유명한 한국 얀센은 신입사원을 선발할 때 일단 영업사원으로 뽑은 뒤 영업을 잘할 경우 다른 부서로 이동시킨다고 한다.

사장이든 임원이든 현장에 있으려는 세일즈맨 정신이 없다면 고객을 감동시키겠다는 꿈은 접어 두는 것이 좋다. 적어도 세일즈맨이라면 한푼의 세금이라도 걷으려는 세리의 손처럼, 절 입구에서 사람들의 양심을 샅샅이 쏘아보는 사천왕상의 부리부리한 눈처럼 현장에 나가 고객들의 요구를 남김없이 캐낼 각오가 되어 있어야 할 것이다.

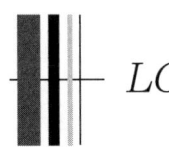

LG 신용카드 김지은 씨, 만세!

진정한 고객감동은 사실
사소한 것에서부터 시작된다.
좋은 선례는 고객에게 평생 동안
잊혀지지 않는 감동으로 기억에 남는다.

고객만족을 초월한 고객감동이 우리 기업들에게 중요한 테마로 등장하고 있으며, 인프라 구축도 게을리하지 않고 있다. 어떤 회사는 TV 광고로 고객이 상사라는 주제를 선정하여 고객 결제란까지 만들어 보여 주기도 한다.

그러나 진정한 고객감동은 사실 사소한 것에서부터 시작된다. 좋은 선례는 고객에게 평생 동안 잊혀지지 않는 감동으로 기억에 남는다. 내가 직접 경험해 본 고객감동을 소개해 보겠다.

평소에 카드를 여러 개 쓰다 보니 불편해서 그 중 하나를 줄여야겠다고 마음먹고 LG 신용카드에 탈퇴 신청을 했다. 내 기억으로는 그 즈음이 마침 다시 카드 연회비를 내야 하는 시기였으므로 담당자에게 미리 탈퇴 사실을 알리고 미국 출장을 갔다.

그러나 돌아와 보니 카드는 취소가 되지 않았고, 신규 연회비를 포함한 청구서가 날아왔다. 굉장히 실망스러웠다. 어쩌면 이런 과정이 정상적일지도 모른다는 생각이 들었다.

그런데 전화가 걸려 왔다. 담당자였던 김지은 씨였다. 김지은 씨는 일단 사과부터 시작했다. 내가 출장 간 사이 집과 회사로 여러 번 전화를 했지만 연락이 닿지 않았다면서 대신 LG 신용카드 회사 내부에서 조치를 취했다고, 컴퓨터 처리 과정상 청구서만 발송되었으니 연회비는 지불하지 않아도 된다고 친절히 설명해 주었다. 마지막으로 불편을 드려 죄송하다는 말도 덧붙였다. 그야말로 1 대 1 마케팅의 표본이었다. 아무리 광고를 통해 고객만족을 외쳐도 정작 내가 만족을 얻지 못하면 그 회사는 엉터리라는 인식을 갖는다.

김지은 씨는 나중에 눈물이 날 정도로 또 한번 나를 감동시켰다. 지난번 내게 전화로 사과했던 내용을 다시 또박또박 편지에 적어 보내 왔던 것이다. 그해 말(98년) 주간매경(매경 이코노미)을 보니 여타 카드회사 중 LG 신용카드가 순이익 1위를 했다는 보도가 있었다. 나는 당연하다는 생각을 했다.

또 다른 예가 있다. 내겐 인켈 오디오가 있는데, 명성과는 달리 CD를 틀면 간혹 지직거리는 잡음이 들렸다. 시간이 없어 그냥 사용하다가 세미나에서 만난 인켈 영업부장에게 명함을 주고 농담삼아 제품수리를 부탁했더니 본체를 새것으로 교체해 주겠다는 연락이 왔다. 속으로 미안한 생각마저 들었지만 인켈에 대한 이미지만큼은 최고라는 생각이 들었다.

고객의 작은 목소리에도 귀기울이는 데서 커다란 고객 감동이 시작된다. 만일 한 사람의 고객이라고 소홀히 대한다면 그는 다시는 그 회사를 찾지 않게 된다. 잊지 말아야 한다. 고객은 왕이다.

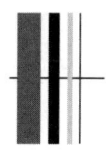

전략형 최고경영자가 필요하다

새로운 CEO의 발견은
과거의 화려한 경력보다는
그 사람이 미래에 보여 줄 수 있는
역량과 경영철학에 달려 있다.

기업의 승부는 경영과 기술개발의 질에서 판가름난다. 특히 경영의 질은 CEO(최고경영자)의 능력과 자질에 달려 있다고 본다. 마냥 열심히 하고 무조건 목소리만 높이는 시대는 갔다.

동양그룹의 조왕하 부회장은 어느 강연회에서 한국 기업들에게 과거의 난관 극복과 돌파형 CEO에서 앞으로는 지식형, 정보형 인재 타입의 CEO가 더 필요하다고 얘기했다. 일본에서도 회사 내 각 부서의 조화나 팀워크를 잘 맞추는 조화형 CEO 대신 미국식의 전략형 CEO로 교체하고 있다고 한다.

훌륭한 CEO를 찾는 일이 그리 쉽지는 않다. 또, 꼭 CEO를 회사 내에서 찾아야 한다는 것도 그리 바람직해 보이지는 않는다. 김정태 주택은행장은 외부 출신으로, 은행의 경영혁신을 위해 영입됐고 나름대로 높은 성과를 올렸던 성공적인 예이다.

몇 년 전 쓰러져 가던 컴퓨터 왕국 IBM의 이사회는 회사 역사상 1백년 만에 처음으로 외부에서 CEO를 영입하기로 결정을 내렸다. 이 사실이 알려지자 사내 직원은 물론이고 외부 사람들까지 당사자가 누구일지 무척 궁금해했다.

막상 뚜껑을 열어 보니 과자회사인 나비스코의 루 거스너 회장이 IBM의 최고경영인으로 오게 됐다. 거스너 회장은 공과대학 출신이었지만 컴퓨터 산업은 모르는 경영자였다. 모두에게 엄청난 충격이었다. IBM 직원들은 실망스런 표정을 감추지 못했다. 그러나 3~4년이 지난 지금 루 거스너 회장은 경영능력을 인정받으면서 더 좋은 조건으로 임기 연장 계약을 맺었다.

거스너 회장은 취임한 뒤 어떤 일부터 시작했을까. 그는 우선 엄청난 규모의 구조조정을 단행하고 인력감축을 추진했으며, 불필요한 사업부문은 즉시 매각에 들어갔다. 그러나 그의 핵심전략은 단순한 비용절감이 아니었다. 기존 하드웨어나 소프트웨어 분야보다는 서비스 부분에 강력한 역량을 투입하는 것이었다. 이런 전략이 결국은 회사의 수익증대와 주가상승의 견인차 역할을 했다.

반대로 모토로라에서 명성을 날렸던 죠지 피셔 회장은 내리막길을 걷고 있는 코닥에 영입되었지만, 초기 구조조정의 기회를 놓쳐 기업을 회생시키지 못했다는 평을 받고 있다. 최근 미국 시장에서 후지의 가격 경쟁에 밀려 시장을 잃고 이익이 내려가고 있기 때문이다.

아직 피셔 회장의 전략이 성공이냐 패배냐 하는 평가는 내릴 수 없지만, 앞으로 2년이 중요한 시기가 될 것이다. 디지털 이미징 분야에 대한 과감한 투자 결과가 어떻게 나오느냐가 관건이다.

경영위기를 겪고 있는 한국 기업들은 지금부터 새로운 CEO를 찾는 노력을 해야 한다. CEO 한 사람이 기업의 미래를 결정짓는다는 생각이 우리의 정서와 맞지는 않지만, 이 같은 현실을 외면할 수는 없다. 새로운 CEO의 발견은 과거의 화려한 경력보다는 그 사람이 미래에 보여 줄 수 있는 역량과 경영철학에 달려 있다.

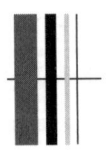 지식경영의 새로운 오류

지식경영이란 개인이 소유해 온
다양한 지식자본과 정보 노하우를
기업의 네트워크 시스템을
중앙 집중 관리함으로써 전체가 공유해
지식생산성을 높이는 것을 말한다.

지 식에 대한 인식이 새로워지면서 지식이 미래의 가장 중
요한 자본의 수단으로 자리잡고 있다. 자본이 점점 지능
화되고 있다는 말은 이런 뜻이다.

근대 경영의 창시자인 피터 드러커는 산업자본주의가 그 수명을
다하고 지식자본주의로 이전되고 있다고 예고하기도 했다. 지식과
정보에 대한 기업들의 관심과 투자가 확대일로에 있는 이유도 여기
에 있다.

여기서 지식경영이란 개인이 소유해 온 다양한 지식자본과 정보
노하우를 기업의 네트워크 시스템을 중앙 집중 관리함으로써 전체
가 공유해 지식생산성을 높이는 것을 말한다.

그러나 우리가 잊지 말아야 할 것은 쓰레기를 넣으면 쓰레기가
나온다는 사실이다. 단기 형식 위주에 쫓기다 보면 별볼일 없이 할

당된 수량만 채우게 되고, 불량자료의 양적 팽창만 늘어나 전체 조직원들은 쓰레기 정보와 전자 우편물에 시달려야 한다. 다수의 한국 기업이 경영혁신 분야에서 경험한 대로 그냥 몇 년만 잘 넘기면 된다는 자세는 산적한 문제를 더 악화시키게 된다.

이런 현실에서는 지식경영의 일방적인 추진에 대한 문제점을 직시하고, 지식경영보다는 우리에게 더 적합한 지력경영을 활용해야 한다.

지력경영(Brain Power Management)은 지식경영에서 지식과 정보를 중앙 조직화하는 데 비중을 두기보다는 한 사람의 창의와 혁신을 존중하면서 개인을 조직의 새로운 중심으로 보는 패러다임이다. 조직간의 경쟁에서 이기려면 먼저 조직에 속한 개인의 능력이 앞서야 한다.

그 다음으로는 능력을 모으고 시너지 효과를 끌어 낼 수 있는 문화를 만들어야 한다. 지력경영은 개인이 곧 한 단위 조직으로, 개인이 조직을 위해 희생하는 것이 아니라 개인의 무한한 창의성과 끊임없는 혁신을 바탕으로 조직을 생성하는 것이다. 더 이상 조직을 위해 개인이 있는 것이 아니라, 개인을 위해 조직이 존재할 뿐이다.

현재의 기업문화는 많은 조직원들을 오랫동안 지시와 통제의 관습에 길들여 왔기 때문에 지금 당장 지식경영을 이식하려 한다면 격식과 형식에 좌지우지되기 쉽다. 오히려 개인의 소양과 자질을 최대한 발휘할 수 있도록 무조건 풀어 주는 것이 더 시급한 과제다.

개인이 맛보는 자유로움과 충동은 수동적 의식과 타성에 젖어 있는 조직에 변혁을 앞당기는 활력소가 될 것이다. 제멋대로, 자기 마음대로 할 수 있는 역동성을 키워 주기 위해서는 조직의 구속력과 형식에서 벗어나야 한다.

지식경영은 경영을 성공으로 이끌기 위한 하나의 도구요 수단일 뿐이다. 결국 일은 사람이 하는 것이다. 일하는 주인에게 씌워진 굴레가 있다면 그것이 어떠한 굴레라 해도 지금 당장 도려내야 한다.

0000010000011101011000000000000100
11000001000001110101100000000000100 00 00 100
10101100001000000011101011000000000000100

6장

디지털경영

Doing Digital

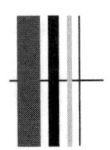 내 초에 불을 붙여 가시오

정보를 가진 자가 세계를 지배한다는 말은
더 이상 상상 속에서 존재하는 말이 아니다.
다가오는 지식사회의 이면에는 바로
지식정보의 연결고리가 바탕이 된다.

경제전문 통신 회사인 블룸버그(Bloomberg)는 주식시장
에 실시간으로 경제정보를 제공하는 기업으로 잘 알려져
있다. 정보의 가치를 극대화시키는 기업인 셈이다. 블룸버그 통신
은 미국 내에서도 유명하지만, 블룸버그 회장이 한국을 방문하고
책도 출간되어 국내에도 잘 알려져 있다. 이곳에서 생산하는 정보
가 얼마나 큰 가치가 있는지 알려 주는 좋은 예가 있다.

2년쯤 전이었을까. 영국의 파이낸셜 타임즈 주간으로 서울의 힐
튼호텔에서 개최된 경제포럼은 김대중 대통령을 비롯한 한국 정부
의 경제관료, 외국인 투자자들이 참석한 주요행사였다. 이규성 재
경부 장관의 연설이 끝나기 무섭게 그에게 다가가는 기자가 있어
내 눈길을 끌었다. 알고 보니 블룸버그의 이유림 기자였다.

그녀는 외국인의 한국 기업에 대한 주식투자 한도 철폐가 언제

쯤 시행될 것인지 집요하게 질문했다. 이 기자의 질문에 이 장관은 그만 연말에 한도를 철폐할 계획을 6월로 앞당겨 실시하겠다는 발언을 하고 말았다. 이 장관이 이 사실을 일부러 숨긴 것은 아니었지만, 이 한마디 말이 투자자들에겐 얼마나 소중한 정보가 되는지 알고 있는 사람은 많지 않은 듯했다.

이 기자는 즉시 블룸버그 네트워크를 통해 이 정보를 올렸고, 이후 몇 분이 지나지 않아 주가는 10%나 뛰었다. 이 기자는 주식 시장이 아닌 힐튼호텔에서 주가를 10%나 올리는 저력을 발휘한 셈이었다.

정보가 곧 돈이 되는 시대는 이미 우리에게 와 있다. 정보가 이 기자의 머릿속이나 취재 수첩에만 있었다면 이 정보는 가치가 없었을 것이다. 그러나 네트워크망을 통해 전달된 이 정보는 수백억 원의 가치로 돌변했다.

블룸버그는 이처럼 정보의 가치를 창출해 돈을 버는 통신 회사인 것이다. 정보를 가진 자가 세계를 지배한다는 말은 더 이상 상상 속에서 존재하는 말이 아니다. 다가오는 지식사회의 이면에는 바로 지식정보의 연결고리가 바탕이 된다. 정보는 일방성의 단계에서 벗어나 쌍방향이 되며, 브로드캐스팅(Broadcasting) 시대에서 내로우캐스팅(Narrowcasting) 시대가 되었다.

인터넷을 탄생시킨 미국은 이미 디지털시대의 종주국이 되어 가고 있다. 엘 고어 부통령은 6억 3천만 달러를 투자해 차세대 인터넷 개발 프로젝트를 추진 중이다. 이 새로운 인터넷이 가져올 변화는 문자의 발명이나 산업혁명에 버금가는 수준이라고 한다.

인터넷의 발달은 자연스럽게 전자상거래를 촉진시켰다. 미국의 경우 약 4백만 명이 사이버 증권사에 가입해 인터넷으로 주문을 하고 있으며, 인터넷 이용자의 25%가 온라인 쇼핑을 자연스럽게 생각하고 있다.

인터넷의 위력은 이미 2백여 년 전 미국 건국의 아버지였던 토마스 제퍼슨이 말한 것 같다. 그는 "내 초에서 불을 붙여 가시오. 불빛을 조금도 약화시키지 않고 당신 초에도 불을 밝힐 수 있을 거요."라고 말했다고 하니 말이다. 정보시대의 생활방식을 잘 나타내 주는 멋진 한마디가 아닐까 싶다.

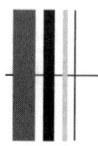 신 유목민(*e-Nomad*)의 시대

우리 샐러리맨들이
뒤떨어지지 않고 살아가기 위해서는
미국 경영자들의 격언에도 있듯이
단순하게 열심히 일하기보다는
머리를 써서 일해야 한다.

디지털시대를 살아가는 샐러리맨들이 필수적으로 가 봐야 할 곳이 있다. 바로 용인 에버랜드 디지털관이다. 가족들을 데리고 여러번 에버랜드에 가 봤지만, 디지털관에 간 것은 이번이 처음이었다.

대개 놀이시설만 이용하고 점심 먹고 집에 오는 경우가 많았는데, 요즘 디지털이란 얘기를 많이 들어서 그런지 내 눈에 디지털관이라는 시설이 확 들어왔다. 그래서 미적미적거리는 가족들을 데리고 디지털관을 둘러보았다.

슬슬 둘러보리라 생각하고 향했던 디지털관에서 나는 꼬박 1시간 30분을 보냈다. 그곳엔 말로만 듣던 디지털 기구들을 직접 다루어 볼 수 있는 시설이 많이 있었다. 인터넷 냉장고와 디지털 카메라는 물론이고 인터넷 전화기, 화상 전화기 등 디지털이 우리가 사용하고 있던 가전제품과 어떻게 유기적으로 결합될 수 있는지 경험해 볼 수 있었다. 나도 평소에 첨단 기구들을 잘 다룬다고 생각했는데, 디지털관에서 경험한 디지털 세계는 충격적이었다. 시대를 앞서가는 사람들이 뒤처진 사람들을 이끌고 나간다는 역사의 법칙을 거론할 것도 없이, 내 안의 문명과 이곳에서 펼쳐진 문명이 충돌하는 기분이었다.

디지털시대의 특징은 정착생활보다는 유목민의 생활을 종용하고 있는 것으로 보인다. 이른바 전자 유목민 시대(e-Nomad)가 열린 것이다. 이제 우리는 하루도 인터넷을 주유(周遊)하지 않으면 살지 못하는 시대가 되지 않았나. 이곳 저곳을 기웃거리면서 먹거리도 사고 문화도 구경하고 심지어는 묘지도 사이버 공간에 둘 수 있다고 하니, 이게 유목민의 시대가 아니고 무엇인가. 그러나 어차피 우리 민족은 유목민의 후예였다.

우스갯소리로 디지털시대엔 우리가 약진할 수 있다고 떠들어대는 주장도 이런 측면에서 가능성이 있는 것이다. 간과할 수 없는 사실은, 이제 정착민의 생활 양식을 버리고 유목민의 생활 습관을 다시 익혀야 한다는 점이다. 철기시대를 살 수 없었던 청동기시대 사람들이 정복당했고, 산업화시대에 적응하지 못했던 농경사회는 무너질 수밖에 없었던 것처럼.

그렇다면 어떻게 살아야 할까. 우선 유목민은 어떤 도구들을 가지고 생활했는지 생각해 보자. 대표적인 유목민족이었던 몽골민족은 말을 잘 탔고 칼을 잘 사용했다. 그렇다면 이 시대의 말과 칼은 무엇일까. 디지털 도구일 것이다. 인터넷, 노트북, 이메일, 휴대폰, PDA(휴대용 전자수첩) 같은 전자기계들 말이다. 이런 기계들을 잘 다루어야 하는 이유는 무엇보다도 디지털 센스를 기르기 위해 서라고 본다. 자꾸 다루다 보면 디지털 생활이란 게 무엇인지 감을 잡을 수 있다. 그저 전기신호의 켜짐과 꺼짐의 두 가지 신호를 디지트화시켜 모든 전기 신호를 이진법으로 바꾼다는 복잡한 얘기를 이해하지는 못하더라도 감으로는 느낄 수 있다. 나는 이 감이 굉장히 소중한 느낌이라고 생각한다. 우선 몸이 반응하면 머리로 정리하기는 쉽기 때문이다.

그럼 내가 느낀 디지털 감(感)은 무엇인지 말해 보겠다. 디지털 시대는 프로슈머(prosumer)의 시대다. 소비자가 생산자고, 생산자가 소비자인 시대. 예전엔 소비자와 생산자의 차이는 정보력의 차이였으나 이젠 네트워크를 통해 정보 공유가 자유롭기 때문에 누구나 생산에 대한 정보를 얻을 수 있고 내가 생산한 것이 다시 정보로 저장되어 누군가 이 정보를 이용하기 때문에, 결국 나는 생산자이면서 소비자가 되는 구조인 셈이다. 아날로그 시대는 단절, 순차적, 장소의 시대였다면 디지털시대는 연결, 복합적, 공간의 시대인 것이다.

이 시대에서 우리 샐러리맨들이 뒤떨어지지 않고 살아가기 위해서는 미국 경영자들의 격언에도 있듯이 단순하게 열심히 일하기보다는 머리를 써서 일해야 한다(Not Hard But Smart). 정신이 게을러서는 안 되는 시대다.

둘째는 무엇이든 내가 직접 해야 한다는 것. 정보의 바다를 헤엄치든, 황량한 대지를 달리든, 떠돌아다니며 배워야 하는 시대가 되었음을 인지해야 한다.

셋째, 순발력 있게 배우기 위해서는 앞서 열거한 디지털 도구들을 잘 사용해야 한다.

넷째, 앞으로 인생은 3개월~6개월 단위로 계획을 짜야 한다. 1년 뒤의 내 꿈을 얘기할 수 없고, 1년 뒤의 내 목표를 말할 수 없다. 급변하는 세계 속에서 내가 믿을 것이라곤 변화를 잘 따라가는 나 자신뿐이다. 흐름을 쫓아가는 것보다 앞서서 나가려면 몇 개월 단위로 프로젝트를 수행해 가는 습관을 갖는 것이 좋을 듯싶다.

마지막으로 자유롭게 사고하는 버릇을 길러야 한다. 그러려면 회사는 과거의 상하 조직보다는 네트워크 조직 즉, 사장이 허브처럼 중앙에 있고 사장을 중심으로 수많은 팀장들이 해바라기형으로 모여 있는 조직을 구성해야 한다. 아이디어가 있는 팀이 사장의 전결하에 일을 빠르게 추진해 가는 시스템이 앞으로 디지털시대를 살아가는 기본 틀이 될 것으로 보인다.

Being Digital?
Doing Digital!

일단 TV 리모트컨트롤 도사가 되어서
가족들을 깜짝 놀라게 해주자.
아니, 휴대폰을 자유자재로 다룰 줄 안다면
내 주위 사람들이 더욱 놀랄 것이다.

디지털을 단순히 아날로그의 반대 개념으로만 생각하는 것
은 이분법적인 사고다. 디지털을 0과 1의 조합으로만 보
는 것도 그리 적절하지는 않다. 인간을 DNA로 보는 것과 별반 다
를 것이 없다. 디지털은 미국 MIT 대학의 네그로폰테 교수가 주장
한 비잉 디지털(Being Digital, 디지털로 존재하는 시대)에서 두잉
디지털(Doing Digital, 디지털로 살아가는 시대)로, 수동에서 능동
으로, 손님에서 주인으로, 스톡에서 플로우로 변환된 어떤 것이다.
그래서 나는 삼성 SDI의 소사장 30명에게 한 강연 제목을 아예
"Doing Digital"로 정해 버리기도 했었다.

디지털을 즐길 수 있는 재미있는 것으로 만들어야 한다. 디지털
은 인류 역사에서 보면 농업혁명, 산업혁명에 이은 제3의 혁명이
다. 디지털시대는 인류역사의 한 흐름을 반영하고 있다. 청동기시

대가 철기시대를 앞서지 못했던 것처럼 디지털 이전의 시대(Pre-digital)는 디지털시대를 능가할 수 없다.

나는 내 생애의 대부분을 프리 디지털시대로 살았지만 N세대에 뒤지지 않을 만큼 디지털시대를 살겠다고 당당히 주장하겠다.

디지털은 단순히 새로운 기술을 뜻하는 것만은 아니다. 디지털은 새로운 문화요, 혁신이요, 우리 삶의 질서다. 그래서 나는 스스로 디지털리언(Digitalien)이고 싶다. 디지털시대의 에일리언(Alien)으로 태어나고 싶다. 디지털리언은 한 곳에 머무르지 않는다.

이제 Doing digital은 시대의 소명이자 우리의 새로운 삶이다. 굳이 피하려 하거나 두려워할 필요가 없다. 지금의 20대 이하는 아무런 문제가 없다. 30대도 그럭저럭 소화를 잘 해 나간다. 문제는 40대 이상이다. 늦다고 생각할 때가 빠른 것이다. 나는 강연할 기회가 있을 때마다 얘기한다. 40대 이상은 TV 리모트컨트롤부터 시작하라고. 리모컨 만지기는 쉽다. 안 되면 설명서라도 보면서 사용해 보자. 버튼 만지고 누르는 일에 익숙하기 위해서다. 자꾸 쓰다 보면 익숙해지고, 새로운 기능들이 많다는 것을 알게 되면 즐거워진다.

먼저 TV를 디지털로 바꿔야 한다. 다음은 휴대폰이다. 문자 메시지 주고받는 연습부터 확실히 하자. 가능하면 사용하기 편한 신제품을 준비해 배우고 사용하는 것이 좋다. 전화로 미팅하는 것을 폰팅이라 한다. 전화로 메시지 주고받는 것을 문팅이라 부른다. 요새 젊은 세대 사이에 문팅이 엄청나게 늘어나고 있다. 새로운 디지털 경향이다. 집에 중학생이나 고등학생 자녀가 있다면 똑같은 전화기를 사 주자. 쉽게 배울 수 있을 뿐만 아니라 문팅으로 실력도 기를 수 있다. 한국에서 문팅 일인자는 1분에 휴대폰 자판 약 200

타를 친다고 하니 인간인지 신인지 구분이 안 간다. 이것만 보더라도 한국은 디지털 강국으로서의 잠재력은 충분한 것 같다.

PDA(휴대용 전자단말기)도 한번 투자해 보면 효과가 크다. 다음은 PC와 인터넷이다. PC보다는 인터넷을 먼저 배우는 것이 좋다. 인터넷은 자기가 좋아하는 주제를 정해 가면서 계속 사용하면 된다. 가능하면 채팅도 한번 해보도록 하자. PC는 인터넷을 사용할 정도의 수준만 갖추면 된다. PC 배우는 데만 너무 많은 시간을 쓸 필요는 없다.

디지털은 아주 거창한 데에서 나오는 것이 아니다. 우리 주위에서, 내 가까이에서 같이 숨쉬고 움직여 가는 것이다. 우리가 디지털을 지배하고 활용하는 것이 중요하다. 우리가 디지털에게 지배당한다면 잘못되어도 한참 잘못된 것이다. 하루아침에 다 해볼 수는 없지만 하나씩 차례대로 시작해 보자.

일단 TV 리모트컨트롤 도사가 되어서 가족들을 깜짝 놀라게 해주자. 아니, 휴대폰을 자유자재로 다룰 줄 안다면 내 주위 사람들이 더욱 놀랄 것이다. 인터넷을 잘 다룰 수 있다면 우리는 '디지공(디지털시대의 제갈공명)'이 될 수 있다. 디지공은 사실 최근에 내가 얻은 새로운 별명이다. 자, 지금부터 40대의 반란을 꿈꾸자.

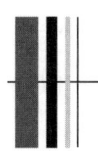

머리보다는 몸으로 익히는 디지털시대

아내는 안 된다고 극구 말렸지만
가장 좋은 휴대폰으로 사 주었다.
이유는 단 한 가지였다.
이젠 디지털 도구들을 다루지 못하면
도태되는 사회가 되었기 때문이다.

인터넷 하면 생각나는 로고는 역시 @표시다. '골뱅이' 표시로 알려져 있는 이 기호는 이메일 주소의 장소를 나타내는 전치사 at에서 온 것이다.

요즘 10대들은 @표시가 몇 개인가에 따라서 자신의 전자 네트워크 능력을 인정받고 싶어한다. 왜 @가 10대들이나 20대들의 전유물이어야 할까. 그건 우리 30~40대나 50대 샐러리맨에게도 필요한 상징이다. 나는 그런 의미에서 @를 '골뱅이'라고 부르기보다는 성인이라는 영어 'Adult'의 첫 알파벳인 @로 보고 싶다.

샐러리맨들은 앞으로 @Toys를 잘 가지고 놀아야 할 것이다. @Toys에는 전자수첩, 휴대폰, 노트북, 휴대용 전자 단말기(PDA), 워크맨, 책, 자동차 등이 있다. 중세시대 남성들의 최대 무기는 칼이었지만 지금의 디지털 시대에는 다르다. 힘보다는 지혜가, 칼보다는 미래 지향의 디지털 기기들을, 즉 @Toys를 능숙하게 다룰 수 있어야 살아남기 위한 경쟁의 전쟁에서 승리할 수 있는 것이다. 이것을 누가 더 능숙하게 사용하느냐가 샐러리맨들의 실력을 좌우하는 기준이 될 것으로 본다.

최근 내 딸 재니에게도 몸으로 디지털시대를 느끼도록 휴대폰을 하나 사 주었다. 예전부터 재니는 나에게 휴대폰을 사 달라고 졸라 댔지만 아내가 말려서 미뤄 왔던 것이었다. 삐삐도 사 주지 않았는데 휴대폰을 사 달라고 하니 애 엄마는 안 된다고 단단히 제어를 한 모양이었다.

그러나 요새 중학생이나 고등학생치고 휴대폰 없는 애도 드물다는 재니의 말에 놀랍기도 했지만, 나는 흔쾌히 휴대폰을 사 주기로 결정했다. 아내는 안 된다고 극구 말렸지만 가장 좋은 휴대폰으로 사 주었다. 이유는 단 한 가지였다. 이젠 디지털 도구들을 다루지 못하면 도태되는 사회가 되었기 때문이다.

우리 주위의 수많은 기구들을 우리는 어떻게 사용할 수 있었는가. 어렸을 때부터 눈으로 보고, 사용해 보고, 습관을 들여 우리는 수십 가지 채널과 버튼이 있는 TV 리모트콘트롤과 휴대폰, 자동차, 컴퓨터 등등을 다룬다. 처음부터 능숙하게 다루는 사람은 아무도 없다. 크고 작은 실수를 거듭하면서 학습을 통해 능숙한 사용자가 되고, 또 전문가가 되는 것이다. 처음 대하는 물건이라 하여 사용해 보지 않는다면 그 물건은 결국 그에게 있어서 생명력 없는 물체일 수밖에 없다. 사용해 보아야 내 것이 되고, 그래야만 세대의 변화를 이해하고 그에 맞추어 따라갈 수가 있는 것이다.

그러나 나는 재니에게 휴대폰을 사 주기 전, 한 가지 조건을 달았다. 아빠가 사 준 휴대폰의 기능을 전부 알아낸다면 사 주겠다는 제안이었다. 아마 재니는 친구들보다 훨씬 휴대폰을 다양하게 쓸 것이다. 또 하나, 나는 재니에게 전화기를 사 준 것이 아니라 커뮤니케이션 도구를 사 준 것이라고 말했다.

이젠 기술이 내용을 통제하는 사회가 되었다. 이런 시대는 우선 몸으로 익히고 난 뒤 머리로, 다음으로는 기술의 방향을 예측하는 순발력도 필요하다. 숨가쁘게 돌아가는 세상, 단지 뒤처지지 않기 위함이 아니라 한 걸음이라도 앞서가기 위해 우리는 오늘도 새로운 기술 습득에 시간과 돈을 투자하는 것이다.

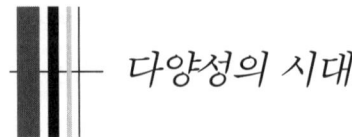

다양성의 시대

국내 기업이 경쟁력 강화를 위해
집중적으로 공략해야 할 대상은
다양한 인재 구성이다.
다양성이 인재 경쟁력의
가장 핵심적인 요소라는 점은
이미 인정되고 있다.

십여 년 동안 기업체에서 강연을 하다 보니 우리 나라 기업 조직에는 컬러가 없다는 생각이 자주 든다. 어떻게 학교 출신도 비슷하고 고향도 비슷하고 심지어는 성씨마저 같다. 게다가 남자 일색에 한국인들끼리 모여 있다.

국내 기업이 경쟁력 강화를 위해 집중적으로 공략해야 할 대상은 다양한 인재 구성이다. 다양성이 인재 경쟁력의 가장 핵심적인 요소라는 점은 이미 인정되고 있다.

학교도 다르고, 전공이 차별화되고, 남성과 여성이 골고루 섞여 있는 조직이 필요하다. 또, 한국인뿐 아니라 외국인도 섞여 있다면 더욱 좋겠다. 융합과 결합, 그리고 분해를 통해 시너지 효과가 생기기 때문이다.

지난 94년 미국 3M에서 근무할 때 다양성 교육 프로그램에 참석한 적이 있다. 분임조 토의였는데, 여성들이 지위와 위치를 더 높이 확보해 달라고 요구하는 주장은 인상적이었다. 이 교육의 목표는 조직 내 다양성 증대를 통해 경쟁력을 높이는 데 있었다.

한창 토론을 하고 있는데 내 눈에 띄는 동양계 여성이 있었다. 그녀는 자신의 주장이 논리적이고 합리적이라는 자긍심을 갖고 토론했으며, 자신의 주장을 굽힘 없이 당당하게 말하는 것이었다. 참 당찬 여성도 다 있구나 하는 생각에 물어 봤더니 한국계 미국인이었다.

독고라는 성을 가진 그녀는 대단히 적극적이고 생동감 있는 여성이었고, 자신이 여성이기보다는 직장인이라는 점을 강조했다. 독고 양은 3M을 떠나 지금은 미국 아메리칸 익스프레스 뉴욕 본부에서 근무하고 있는 것으로 안다. 지금도 가끔 독고 양과 이메일을 주고받는데, 그녀와 얘기하는 중에 나는 많은 아이디어를 얻곤 한다.

'다양성이 곧 경쟁력이다' 라는 얘기의 핵심은 이제 기업이나 샐러리맨들은 다양화된 고객들을 상대해야 한다는 현실에 직면했음을 말하는 것이다. 고객은 점점 더 까다로워지고 세분화되고 있으며, 욕구도 저마다 다르다. 이젠 1 대 1 마케팅 전략을 짜지 않으면 안 되는 시대다.

이런 추세를 앞서가기 위해서는 조직이 더 유연하고 거침없는 사고를 할 수 있어야 하고, 이런 눈으로 고객을 바라보아야 한다. 나와 생각이 다른 사람을 잘 사귀는 사람은 디지털시대의 파도를 잘 타는 사람이라고 할 수 있겠다.

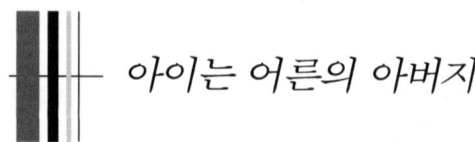# 아이는 어른의 아버지

우리 어른들은 어린날로 돌아가야 한다.
어린이로 거듭 태어나야 한다.
이는 우리 어른의 스승인
어린이를 통하여 가능하다.

무지개(My Heart Leaps Up) - 윌리엄 워즈워드

하늘의 무지개를 볼 때마다
내 가슴 설레느니
나 어린 시절에 그러했고
다 자란 오늘에도 매한가지
쉰예순에도 그렇지 못하다면
차라리 죽음이 나으리라.
'어린이는 어른의 아버지'
바라노니 나의 하루하루가
자연의 믿음에 매어지고자.

My heart leaps up when I behold

A rainbow in the sky

So was it when my life began

So is it now I am a man

or let me die!

'The child is father of the Man'

And I could wish my days to be

Bound each to each by natural piety.

18세기 서정시인 윌리엄 워즈워드의 시다. 이 시집을 산 지도 15년이 흘렀으니 내가 3M에 입사해 대리를 달았던 무렵이었다. 지금 다시 꺼내 봐도 낯설지 않고 손에 익으니 마치 옛친구를 만난 듯하다.

워즈워드의 시 중에서 특히 요즘 나의 시선을 잡는 글귀는 '어린이는 어른의 아버지' 라는 구절이다. 지금 디지털시대의 문턱에서 딱 들어맞는 시다. 디지털 문명에서는 그야말로 어릴수록 유리하다. 아우만한 형이 없는 그런 세상이다. 친구도 어릴수록 좋다. 차라리 어린 것이 유리하고 도움이 된다. 아이들한테 배우는 게 빠르다. 아이들이라는 점이 더욱 유리하게 작용하고 있다. 디지털은 곧 커뮤니케이션이다. 커뮤니케이션 세상에서 어른이라는 사실은 오히려 굴레일 수 있다. 어린이들이 지배하기 시작한다. 우리는 배워야 한다. 세대간의 학습이 더욱 필요하다. 지난 시절 세대간의 학습은 당연히 연장자가 어린아이들에게 하는 것이었다면, 이제는 역으로 아이들이 어른들에게 하는 교육이 이 시대의 세대간 학습이다.

게다가 아이들은 어른들보다 더 쉽게 가르쳐 준다. 왜냐하면 어린아이들 모두가 디지털 커뮤니케이션에 능숙하고 생활화되어 있기 때문이다. 나도 내 딸 재니에게 여러 가지를 배운다. 그러면 재니는 더욱 신이 나서 나에게 자신이 사용하고 있는 디지털 도구에 대해 가르쳐 준다.

회사에서나 조직에서도 20대가 그야말로 왕이다. 아마 몇 년 안에 10대가 회사에 취직하러 오는 시대가 될 것이다. 내 생각으로는 10대가 오히려 회사를 주름잡게 될 것 같다. 아이들은 항상 '왜' 하고 물어 본다. 호기심도 많다. 한자리에 있지 못하고 마냥 돌아다닌다. 유목민 근성이 살아 있다. 한 번씩 다 해보고 싶어한다. 개척과 벤처 정신이 번쩍인다. 잘못되어도 두려워하거나 피하지 않는 도전정신으로 가득 차 있다.

우리 어른들은 반대다. 어릴 때 가졌던 그 많던 호기심도, 꿈도 자꾸 줄어든다. 도전의식도, 창조적 마인드도 축소된다. 심지어 자신이 왜소해져 가는 느낌마저 들 때가 자주 있다.

우리 어른들은 어린날로 돌아가야 한다. 어린이로 거듭 태어나야 한다. 이는 우리 어른의 스승인 어린이를 통하여 가능하다. 집에 있는 우리 어린 아들, 딸들을 스승으로 모시고 다시 한번 두 번째 삶을 살아가는 기회를 가져 보자. 그렇게 하면 우리는 N세대는 될 수 없어도 M(이동)세대는 될 수 있을지 모른다.

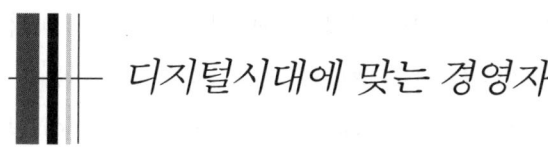

디지털시대에 맞는 경영자

경영은 지식이 아닌 지혜로부터 나온다.
문무를 겸비한 사람만이
올바른 경영자의 길을 갈 수 있다.

21세기형 경영자는 우선 미래를 내다보는 선견지명을 필수적으로 갖추어야 한다. 현실에 만족하지 말고 최고의 미래에 투자하는 시각을 겸비해야 한다. 인터넷 기반을 확보하고 변화의 흐름을 예측할 수 있어야 한다.

현실세계와 사이버 공간을 분리하는 이분법적 사고에서 이제는 벗어나야 한다. 이제 사이버 공간은 가상세계만으로 존재하는 것이 아닌 우리의 현실이다. 미래경영자는 동시에 두 세상을 같이 전망하고 예견해야 한다. 새로운 e-strategist로의 길을 가야 한다.

글로벌 경영감각을 몸에 익히는 것도 중요하다. 프로 스포츠에서도 국경이 사라진 지 오래다. 서울과 부산에만 머무는 기업은 더 이상 존재하지 않을 것이다. 외국 기업과의 부단한 제휴 협력이 수시로 일어나고, 10여 개의 벤처기업이 실리콘밸리에 진출하고 있는 시대다. 인터넷이나 벤처기업을 하면서 국내시장만 바라보고 있다면 얼마 가지 않아서 도태할 수 있다. 따라서 영어는 기본이고 외국 사람, 문화, 제도를 이해할 수 있는 글로벌 감각이 필수적이다.

경영은 지식이 아닌 지혜로부터 나온다. 문무를 겸비한 사람만이 올바른 경영자의 길을 갈 수 있다. 문은 학습이고, 무는 현장경험이다. 연구하고 노력하는 자세와 더불어 실물을 직접 경험하는 경영인만이 21세기를 최전선에서 이끌어 갈 것으로 믿는다.

기업은 최고의 이익을 추구한다. 이를 위해서는 고객을 만족시키는 것이 첫번째 과제다. 벤처는 물론이고 모든 기업은 진보적인 소비 마인드를 가진 수요자들의 소비가 활성화되는 사회에서 성공할 수 있다.

둘째는 팀원들을 자극해야 한다. 끊임없는 충격이 오히려 조직을 강하게 만든다. 밝은 미래의 비전을 제시하는 것도 중요하지만 때로는 위기의식도 불어넣어야 한다. 이런 소비자의 성향을 읽는 것이 기업활동의 출발이다. 미래는 미래를 생각하는 사람의 것이다. 프리디지털(Pre-digital)시대에서 포스트디지털(Post-digital)시대를 예견하고 발견하는 e-CEO의 세상이 온다.

0000100000111010110000000000100

011000001000001110101100000000000100 00 00

1010110000100000100001110101100000000000100

7장

나의 **인생**, 나의 *삶*

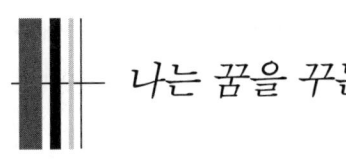# 나는 꿈을 꾸는 소년이었다

그 당시 나의 소원은 1등 하는 것이 아니라
우리 집이 굉장히 가난해서
내가 공부만 할 수밖에 없는 상황에
직면했으면 하는 것이었다.

나를 가졌을 때 어머니께서는 단지 좋은 꿈을 꾸셨다고만
말씀하셨다. 남들처럼 돼지꿈도, 용꿈도 아니고 그저 좋
은 꿈이었다고 말씀하셔서 나는 더 이상 어머니에게 질문하지 않
았다. 단지 원숭이 띠인 내가 한낮에 태어나서 때가 좋았다는 말을
들은 것 같다.

　나는 경북 영일군 공당리라는 조그마한 마을에서 태어났지만,
내 유년시절의 기억은 대부분 포항에서 만들어졌다. 포항에서 초
등학교, 중학교, 고등학교를 다녔고, 이곳이 지겨워질 때쯤 대학에
가기 위해 서울로 올라왔다.

　유년 시절 가장 기뻤던 일은 부모님과 영화를 보러 가는 것이었
다. 포항시민극장에서 2~3원 정도를 주고 들어간 기억이 나는데,
나는 어머니의 손을 꼭 붙들고 극장에 들어가곤 했다. 60년대 당시

만 해도 문화생활이라는 것이 영화 외엔 마땅한 것이 없었기 때문에 우리에게 극장이란 마치 요즘의 에버랜드나 서울랜드와 같았다.

나는 극장 가는 것을 너무 좋아해서 부모님과 함께 가지 않을 경우에도 동네 친구들과 극장에 가곤 했다. 그럴 경우 우리가 극장에 들어가기 위해 흔히 쓴 방법은 일종의 들치기 같은 것이었다. 극장에 들어가는 어른들에게 내 손만 잡고 들어가 달라고 부탁을 하여 마치 그 어른의 자식인 것처럼 위장해서 들어가는 것이다. 우리같이 너덧 살 정도 먹은 아이들은 부모 동반의 경우 무료로 들어갈 수 있다는 점을 이용한 것이다.

하지만 매번 이 방법이 성공하지는 않았다. 같이 들어갈 어른들을 찾지 못한 친구들이 극장의 표 받는 아저씨에게 고자질하는 경우가 있었기 때문이었다.

당시 영화관은 로마의 원형극장을 연상케 하는 곳이었다. 남녀가 키스하는 장면이 나오면 모두들 놀라서 "와~" 하고 탄성을 지르기도 했고, 독립군이 적들을 물리치는 장면이 나오면 박수를 치고 소리를 지르고 난리였다. 영화 장면은 단순한 활동사진에 지나지 않는 것이 아니라, 마치 그 현장에서 우리가 그 장면을 목격한 것처럼 같이 울고 웃었다.

당시 영화관은 전기 공급이 원활하지 못했는지 자주 정전이 되기도 했고, 필름이 끊겨져 한참 동안 깜깜한 영화관에서 다음 장면이 나올 때까지 기다렸던 기억도 새롭다.

당시 우리에게 문화주사를 놔 주었던 것으로는 영화뿐 아니라 만화방도 있었다. 새 만화가 나왔다는 소식을 들으면 우리는 즉시 그곳으로 달려가 먼저 빌려 보곤 했다. 경쟁이 치열해서 빨리 뛰어가지 않으면 몇 시간을 줄을 서서 기다려야 했다. 만화방에 가는 또 다른 재미는 '오뎅'이나 '카마보꾸'를 먹을 수 있다는 사실이었다.

어린 시절 내가 가장 따랐던 사람은 아버지였다. 아버지 성격은 한마디로 철두철미했다. 비록 내가 고등학교 2학년 때 돌아가셨지만 내게 많은 영향을 끼친 분이셨다. 아버지는 일제시대 공무원을 하셔서 우리 생활은 그다지 나쁘지는 않았다. 그러나 공무원을 그만두고 사업을 하시다가 실패를 하고 사기도 당하고 해서 말년에는 우울하게 보내시게 되었다. 실패를 많이 경험하신 아버지는 내게 늘 사업가가 되지 말고 선생님이나 공무원, 의사나 약사가 되라고 말씀하셨다.

내가 가장 좋아했던 취미는 수집이었다. 껌 포장지, 깡통마개 등을 정신없이 모았던 기억이 난다. 아마도 돈이 없었기 때문에 그런 것들을 수집하지 않았나 생각한다. 수집에 관한 취미는 지금도 여전해서 나는 외국여행을 하면 으레 배지, 각종 호텔 출입문 카드, 내 사진이 박힌 각종 크레디트카드 등을 모으고 있다. 또, 어디를 가든지 그 고장의 카드를 사서 집에 엽서를 붙인다. 그 지방에서 느꼈던 감회 등을 적어서 보내는 것이다. 아내는 이 카드들을 정성껏 모으고 있다. 더 많이 모이면 앞으로 전시라도 할 계획이다.

어린 시절 나는 주위 사람들로부터 성공할 거라는 얘기를 많이 들었다. 특히 부모님은 내게 머리가 좋다는 말을 자주 하셨고, 친척들에게 장우는 공부를 잘한다고 항상 과장된 말씀을 하셨다. 나는 사실 공부를 잘하지 못했고, 시간만 나면 만화방에 가거나 영화관을 들락거리는 개구쟁이였는데도 말이다.

부모님께서 나에 관해 과장되게 말씀하시는 건 나로서는 굉장히 난감한 일이 아닐 수 없었다. 공부를 잘하고 싶어도 쟁쟁한 친구들을 누를 수 없어 보였고, 또한 공부에 대단한 취미를 갖고 있는 것도 아니었기 때문이었다.

어린 마음에 부담감을 이기지 못해 나는 잠잘 때도 1등 하는 꿈을 자주 꾸었다. 하다못해 그 당시 나의 소원은 1등 하는 것이 아니라 우리 집이 굉장히 가난해서 내가 공부만 할 수밖에 없는 상황에 직면했으면 하는 것이었다. 이런 생각까지 했던 그때를 생각하면 지금도 쿡쿡 웃음이 나온다. 어리석게도 가난하면 무조건 공부를 잘하게 될 거라고 생각했으니 말이다.

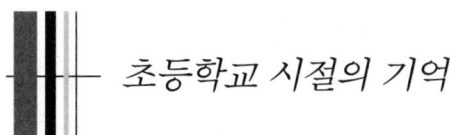

초등학교 시절의 기억

내가 기억하는 초등학교 시절의
사건이 두 가지 있다.
하나는 나에게 절망을,
또 다른 것은 희망을 안겨 준 사건이었다.

내가 초등학교에 입학한 지도 벌써 37년이 지났다. 1963년 포항 영흥초등학교에 입학한 나는 국어, 산수, 과학보다는 실과 같은 공부를 좋아했다. 나가서 뛰어놀고 만들고 하는 것들이 좋아서 초등학교 때 제일 잘했던 과목은 실과였다.

내가 기억하는 초등학교 시절의 사건이 두 가지 있다. 하나는 나에게 절망을, 또 다른 것은 희망을 안겨 준 사건이었다.

초등학교 3학년 때 일이다. 교실에서 운동화가 없어진 사건이 일어났다. 당시 운동화는 굉장히 귀중한 것이어서 우리같이 잘살지 못하는 아이들에게는 그림의 떡이었다. 그런데 상황이 이상하게 꼬이기 시작하더니 금세 운동화 도둑은 내가 되어 버리고 말았다. 당시 담임 선생님은 좀 못살아 보이는 내가 운동화를 훔쳤을 거라는 막연한 추측으로 나를 도둑으로 지목한 것이었다. 더구나 지목만 한 것이 아니라 학교 운동장에서 따귀까지 때리는 것이었다. 나는 변변한 말대꾸조차 못하고 고스란히 선생님의 꾸중을 받아야 했다. 얼마나 억울했던지. 아마 초등학교 때 친구들 앞에서 억울하게 도둑으로 취급받았던 기억이 있는 사람들은 내가 느꼈던 심정을 이해할 수 있을 것이다.

물론 선생님께서는 어렸을 때의 나쁜 버릇을 단번에 고쳐 주시려고 그랬을 것이다. 그러나 증거 하나 없이 이런 모욕을 받는 경우 많은 아이들은 '내가 가난해서 이런 대접을 받는구나' 하는 서러움을 먼저 느끼게 된다. 사리판단이 정확하지 않은 나이라서 더욱 그렇다. 어쨌든 이 사건은 나에게 분명한 상처를 주고 말았다. 돈이 인간성이나 성실함을 재는 잣대로 작용했던 기억은 아이들에게는 사라지지 않는 마음의 상처가 된다.

이런 일도 있었다. 초등학교 때는 저축을 장려하기 위해 꾸준히 저축을 많이 한 학생에게 저축상을 주었다. 저축상이라고 해도 별게 아니라 빵 몇 개를 주는 것이었다. 그런데도 이 상을 받기 위해 나는 필사적으로 저축했다. 1원, 2원이라도 생기면 그 즉시 저축하곤 했다.

결국 연말이 다가오고 저축상을 시상하는 날이 되었다. 나는 누구보다도 저축한 횟수가 많았고 관심도 많이 가졌기 때문에 당연히 내가 저축상을 탈 것으로 믿었다. 그러나 웬걸. 의외의 경쟁자가 나타나 내 저축상을 가로채는 것이었다. 그 친구는 저축 횟수에 관계없이 한 번에 몇십 원씩 저축을 할 수 있었기 때문에 저축한 금액으로 따지자면 내 통장은 형편없었다. 그럴 수밖에 없는 것이, 그 친구는 넉넉한 가정 형편에서 살았기 때문이었다.

당시에는 솔직히 억울한 심정뿐이었다. 금력이 사람의 성실도를 재는 척도가 되는 것에 나는 무한히 절망했었다. 이것이 내게 상처가 됐는지 나는 지금까지 누굴 돈 때문에 차별한 적은 없다. 내 사무실을 청소하는 아주머니들도 그렇고, 내 주위의 누구이건 간에 돈이 없는 사람들을 밑으로 보지 않았다.

반면, 내게도 초등학교 시절의 아름다운 기억이 많다. 4학년 때 담임 선생님이었던 민홍우 선생님은 내게 아름다운 추억을 만들어 주신 분이었다. 어쩌면 내가 요즘 기업체 강연회에서 최고의 대우를 받고 활발하게 강연할 수 있게 된 것도 민 선생님 덕분이 아닌가 한다. 조그마한 칭찬이 한 사람의 인생을 어떻게 바꿀 수 있는지 민 선생님은 몸으로 보여 주신 분이었다.

민 선생님은 당시 애인이 있는 총각 선생님이었다. 그런 민 선생님을 좋아했던 이유는, 민 선생님이 내 성적표에 처음으로 수를 두 개나 주었기 때문이었다. 실과와 미술에서 수를 받자 나는 뛸 듯이 기뻤다. 주요 과목은 아니었지만 내가 초등학교 들어간 이래 처음 있는 일이었다.

내가 민 선생님에 대해 또 다른 의미를 부여하는 이유는 정작 다른 데 있다. 하루는 민 선생님이 나를 기차여행에 초대해 주셨다. 민 선생님이 과외를 하던 몇몇 친구들의 무리에 나까지 포함시켜 주신 것이었다. 나는 집안 형편이 좋지 않아 과외는 할 수 없었다.

민 선생님과 선생님의 여자친구, 그리고 과외받는 친구들과 나는 처음으로 기차여행이라는 걸 떠났다. 얼마나 갔을까. 선생님은 나에게 "야, 우리 심심한데 재미있는 놀이 하자. 장우가 먼저 일어나서 기차 방송을 한번 해보지 않을래? 차장처럼 말이야."라며 장

난기 어린 웃음으로 나를 바라보셨다.

나는 벌떡 일어나 "차내에 계신 승객 여러분, 이 열차는 대구역을 지나 부산역을 향해 출발하고 있습니다……."라는 멘트를 줄줄이 쏟아냈다.

이걸 들어 보신 선생님은 "야, 장우 잘하는데! 방송 아나운서 하면 잘하겠는 걸." 하며 나를 한껏 칭찬해 주시는 것이었다. 나는 그만 우쭐해져서 더욱 신나게 기차 방송을 흉내냈다. 민 선생님은 나에게 처음으로 수를 두 개 주셨을 뿐 아니라 처음으로 칭찬을 해주신 분이었다.

나는 이날 이후로 정치인이 되겠다는 꿈을 방송사 아나운서가 되겠다는 것으로 바꾸었다. 이 때문에 중학교 때는 방송반에 들어가기도 했다. 모두 민 선생님 덕분이었다. 물론 지금은 방송인이 아닌 기업체 사장이 되었지만, 생각해 보면 이날 이후로 내가 웅변반에도 들어가고 방송반에도 들어가 많은 사람들 앞에서 내 얘기를 할 수 있었던 것이 밑바탕이 되지 않았나 한다. 오늘날 최고의 기업체 강사가 된 것도 모두 민 선생님 덕분이라고 나는 생각한다.

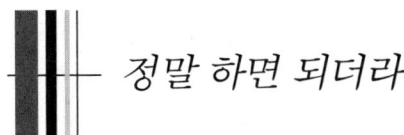

정말 하면 되더라

나는 일약 스타가 되었고, 단 한 번에
내가 꿈꿔 오던 1등을 할 수 있었다.
하면 된다는 옛 선배들의 말이
이렇게 고마울 수 없었다.

초등학교 시절을 떠올리면 생각나는 친구들이 있다. 이 친구들은 집에서 공부만 하는지 모든 시험에서 '올(all) 수'를 받았다. 나는 이 친구들이 공부의 신이라고 생각했다. 나는 마음먹고 공부한 적도 없었지만, 공부를 한다 하더라도 이 친구들을 따라잡을 수는 없을 거라고 단정했다. 나는 꿈속에서만 1등이었지, 현실에서는 그렇지 못했다.

그러다가 중학교에 가게 되었다. 여러 중학교가 많았는데 하필이면 공부에 신들린 녀석들 대여섯 명이 나와 같은 중학교에 오게 되었다. 그들이 있는 한 나는 중학교에서 도저히 1등은 하지 못할 것이라는 생각이 들자 앞이 캄캄해졌다. 초등학교 성적으로 반 배치를 하자 나는 보통반에 들어가게 되었고, 이 친구들은 특수반에 들어가게 되었다. 당연한 결과였다.

입학한 뒤 첫 시험을 보는 날이었다. 나는 중학교에서만큼은 부모님을 기쁘게 해드리기 위해 나름대로 열심히 공부를 했다. 한 번 본 것도 다시 보고, 요약 노트도 만들어 꼼꼼히 정리도 해 두었다.

시험을 본 뒤, 나는 괜찮게 봤다는 생각을 했을 뿐 결과가 이렇게까지 좋을 줄은 꿈에도 상상하지 못했다. 내가 전교 1등을 한 것이었다. 5백여 명의 동급생들을 제치고 내가 1등을 하다니. 더구나 내가 공부의 신들을 물리치고 1등을 했다는 사실이 믿겨지질 않았다. 나는 성적표를 보고 또 보았다. 5학년 때 구구단도 못 외어서 쩔쩔맸던 나였다. 그런데 내가 뭘 어떻게 했길래 중학교에서는 이렇게 잘할 수 있었는지 선생님들도 놀라는 눈치였다. 특수반도 아니고 보통반에서 전교 1등이 나오자 시험지를 다시 채점하는 해프닝도 있었다. 그렇지만 사실인데 어쩌랴.

나는 일약 스타가 되었고, 단 한 번에 내가 꿈꿔 오던 1등을 할 수 있었다. 하면 된다는 옛 선배들의 말이 이렇게 고마울 수 없었다.

전교 1등을 하니까 나를 대하는 선생님들의 태도가 달라졌다. 수업시간에 나를 불러내 동급생들에게 설명하는 시간도 주었고, 앞에 나가 발표하는 시간도 주었다. 1등은 계속 1등을 할 수밖에 없다는 얘기는 이래서 가능한 게 아닌가 하는 생각이 들었다. 한번 도약을 해 놓으면 다음부터는 쉬워진다는 사실도 나는 이때 깨달았다. 3M에 들어가 처음으로 수세미 영업을 할 때도 나는 인천지역에서 제일 잘 파는 영업사원이 되었고, 부장에서 사장으로 무려 4단계의 승진을 할 때도 나는 일거에 여러 계단을 뛰어넘는 실력을 발휘했던 것이다. 시작이 얼마나 중요한지 단적으로 드러내 보인 일이었다.

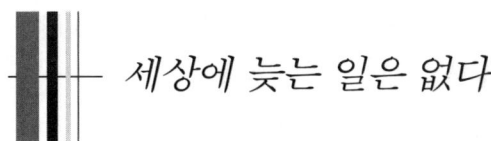

세상에 늦는 일은 없다

사전과 회화책을 뒤져 가며
정말 용감하게 스페인어를 쓰자
신기하게도 옛날 스페인어 실력이
스멀스멀 기어나오는 것이었다.
하루 이틀이 지나자 택시 운전사와
간단한 농담도 주고받을 정도가 되었다.

영문학을 전공한 이유도 있겠지만 나는 원래 중학교 때부터 영어에 관심이 많았다. 굿모닝 팝스의 오성식 씨가 학창시절 외국인만 보면 쫓아가서 자신의 영어실력을 테스트했다고 했는데, 나도 그랬다.

그 덕분인지 영어만큼은 중고등학교 때 누구에게라도 이길 자신이 있었다. 영어 어휘력 경시대회에서 1등을 하고 번역대회에서도 1등을 할 수 있었던 것은 이 같은 영어에 관한 관심이 반영된 것이라고 나는 믿는다.

내가 결정적으로 영어공부에 매력을 느끼기 시작한 데에는 중학교 1학년 때 영어선생님의 영향력이 컸다. 나는 지금도 이 선생님의 영어 교습방법이 최고라고 생각한다.

홍의랑 선생님이 가르치는 영어 시간은 한마디로 광란의 시간이었다. 영어발음이 엉망일지라도 영어 교과서를 한 반 학생 전체가 교실이 떠나가도록 외쳐대곤 했으니 그럴 만도 했다.

홍 선생님의 영어교습법은 다른 비법이 있는 것이 아니었다. 다독, 다작하고 많이 읽어 보는 것이었다. 소리 내서 영어문장을 읽다 보면 어느새 자신의 입에서 영어가 나온다.

눈으로 영어를 공부하는 것은 있을 수 없다. 입시교육에 찌든 우리 학생들이 문법은 잘 알면서도 변변히 말 한마디 못하는 이유가 여기에 있는 것이다. 지금은 어학연수다 뭐다 해서 해외에 나가는 빈도가 높아져 웬만한 학생들은 기본적인 회화를 할 수 있지만, 여전히 우리의 영어교육은 시험 위주이거나 아니면 해외에 나가서 영어공부를 해야 영어가 된다는 극단적인 양갈랫길 속에서 방황하고 있다.

우리처럼 영어가 모국어가 아닌 나라에서는 자기 학습시간을 많이 내서 큰소리로 읽는 것이 제일 좋은 방법이다. 최근에는 영어회화가 중요하다고 해서 무조건 회화를 배우겠다고 생각한다면 이는 언어를 잘못 이해하고 있는 것이다. 언어에 무슨 회화가 따로 있고 문법이 따로 있고 독해가 따로 있는가. 사실 하나의 언어 속에서 모든 것이 합쳐져 동시에 효과가 나타나는 것일 뿐이다.

본래 언어를 잘 배우면 회화는 나중에 저절로 되는 것이 정석이다. 나는 한 번도 회화를 배워 본 적이 없었지만 중고등학교 시절 미국인, 독일인, 인도인 등 길거리에서 닥치는 대로 만나 영어회화를 신나게 한 기억이 난다. 오히려 미국인들이 고급 영어 단어를 쓰는 내 실력에 놀랄 때가 많았다.

사실 나는 대학에서 스페인어도 2년 간 도강한 사실이 있다. 내

가 다니던 경희대 옆에 외대가 있었는데, 나는 그곳에 가서 무려 2
년 동안이나 스페인어를 몰래 배우고 시험까지 치렀다. 지금 같으
면 떳떳하게 교수님에게 말씀을 드리고 배울 수도 있겠지만, 당시
엔 왠지 쑥스러웠다. 어쨌든 이 수업은 내게 무척이나 유익했다.
70~80년대는 남미의 성장 잠재력이 인정을 받았던 때여서 나는
더 열심히 스페인어를 공부했다.

군에서 시작한 스페인어 공부는 '서반아어 4주간'이라는 책으로
시작했다. 이 책은 발음기호도 한글로 적혀 있어 혼자 공부하기 쉬
웠다. 공부에 솔솔 재미가 붙자 군 제대 후 79년 말에는 혼자서 계
속 책을 보았다.

그러던 것이, 복학한 뒤 3학년 때 좋은 기회가 찾아왔다. 종로 2
가 YMCA 옆 건물에 스페인어 문화원이 생긴 것이다. 스페인어
문화원에서 책만 구입하면 무료로 두 달 동안 스페인어를 배울 수
있다는 정보를 듣고 나는 당장 책을 구입했다. 여름방학을 이용해
서 스페인어 수업을 들었는데, 땀이 온몸을 적셔도 외국어 공부를
배우는 즐거움만큼은 빼앗아 가지 못했다.

그러나 나는 3M에 들어가 다시 영어를 사용하게 되면서 스페인
어는 까마득하게 잊어버리게 되었다.

그렇게 20여 년이 흐른 지난 98년, 스페인에 출장을 갈 일이 생
겼다. 스페인은 영어가 안 통하기로 유명한 나라였다. 나는 20여
년 전에 배웠지만 스페인어를 써먹을 수 있는 절호의 기회라고 생
각해서 옛 기억을 더듬어 가면서 스페인어를 구사했다. 사전과 회
화책을 뒤져 가며 정말 용감하게 스페인어를 쓰자 신기하게도 옛
날 스페인어 실력이 스멀스멀 기어나오는 것이었다. 하루 이틀이

지나자 택시 운전사와 간단한 농담도 주고받을 정도가 되었다. 나와 함께 갔던 삼원아트무역의 구윤관 사장은 어디서 스페인어를 배웠느냐며 신기해했다.

외국어를 배워서 실제로 그 언어를 사용하는 나라에 가면 가슴이 설렌다. 일본어를 배웠을 때도 그랬다. 지난 87년에 약 10개월 정도 배웠는데, 역시 일본에 출장 가서 멋지게 사용했던 기억이 난다.

88년 2월에 캐나다 캘거리로 가는 도중 비행기에서 만난 일본 사람에게 일본 여행 정보를 물어 보았더니 일본은 그때가 마침 대학입시철이라서 호텔방이 없을 것이라고 대답했다. 일본에 가는 것이 조금은 불안했지만, 젊은 기분이라 결심했던 것을 실행하기로 했다.

하지만 아니나다를까. 막상 일본에 가 보니 시내에서는 방을 구할 수 없었다. 이 호텔, 저 호텔을 전전하다 보니 밤은 깊어 가고 피로가 쌓였다. 빈 호텔을 찾아다니면서 일본 사람들에게 내 일본어 실력을 마음껏 테스해 본 것은 좋았지만 정작 쉴 곳을 구할 수가 없었다. 그러다가 어느 친절한 일본인의 도움으로 수면캡슐이라는 곳에 들어갈 수 있었다. 이젠 우리에게 많이 알려졌지만 당시에는 너무 생소했다.

미국 3M에서 근무할 때는 중국에 출장 갈 일도 있었다. 중국 출장이 잦아지자 나는 아예 중국 베이징에서 온 선생을 모셔 놓고 개인 지도를 받았다. 중국어는 확실히 어려운 것 같았지만, 출장 가서 중국 현지인들과 섞여 고생할 생각을 하면 더 열심히 중국어를 공부해야겠다는 생각이 들었다. 중국어를 공부한다고 삼국지 비디오 테이프 42개를 구입해서 두 달 만에 독파해 버렸다. 비디오 테이프를 하도 열심히 보고 듣다 보니 중국어를 알아듣지는 못해도 발음은 흉내낼 수 있었다.

중국 현지에서 토요일 근무를 마치고 서울로 돌아오는 길이었다. 서안(西安)에서 베이징으로 돌아와 다시 서울로 와야 하는데 비행기가 고장이 나고 말았다. 힘든 출장길이라 더욱 낙담스러웠다. 나는 정말이지 베이징으로 가고 싶었다. 그렇지 않으면 중국에서 하룻밤을 더 자야 했다.

문제는 이곳 시안에서 근무하는 항공사 여직원이 영어를 잘 못해 대화가 통하지 않는다는 사실이었다. 그래서 되건 안 되건 중국어로 말해 보자는 생각에 여직원에게 중국어를 해보았다. 그랬더니 여직원은 별 반응을 보이지 않고 그저 웃기만 했다. 말이 안 되니 한자를 써서 의사소통을 시도했다.

이런 나의 노력에 감동을 했는지 그 승무원은 고장난 비행기에서 내 짐을 꺼내 주었고, 나는 고생 끝에 베이징에 갈 수 있었다. 어느 나라에 가도 비행기에 들어 있는 짐을 다시 꺼내 오기란 불가능하다. 나는 단지 중국어 몇 마디를 한다는 것 때문에 내가 원하는 길로 갈 수 있었던 것이다.

최근엔 불어 공부를 시작했다. 이젠 나이가 들어서인지 꽤나 힘이 든다. 공부할 시간도 부족하고, 잘 안 될 때가 많다. 하지만 실망하지 않을 작정이다. 일단 1년 정도는 학원에서 배워 볼 계획이다. 학원에 다니면 기본적인 것도 배우고, 구속력도 있어서 좋다.

우리는 외국어를 배울 때 처음부터 욕심을 많이 부린다. 평소에는 공부를 하지 않다가 무언가 새롭게 시작하면 그때부터 그냥 몇 달 만에 다 배울 기세로 한다. 외국어는 모국어보다 당연히 배우기 힘들다. 그래서 외국어 학습은 끈기와 장시간의 투자, 그리고 좋은 학습방법을 필요로 한다. 자기가 공부하고 싶은 외국어에 능통한 주변 사람과 친하게 지내는 것도 좋은 방법이다. 요즘엔 인터넷으로 영어실력을 높일 수 있어 좋다.

세상에 늦는 것은 없다는 말이 있다. 지금부터 시작하면 뭐든지 배울 수 있다. 시작하자. Never too late, just start something!

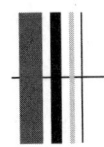 나는 군대 막사쪽을 향해 소변을 본다

나는 내 군대생활을 자랑스럽게
생각하는 편이다. 군대에 있으면서
어렸을 때부터 늘 들었던 허약하다는 소리와
결별할 수 있었기 때문이었다.

청년 시절 중 가장 잊을 수 없는 기억은 군생활에 관한 것이다. 많은 사람들이 이렇게 얘기하는 나를 보면서 고개를 끄덕인다. 군대생활이라는 것이 많은 남자들의 경우 잊을 수 없을 정도로 고통스러웠기 때문일 게다.

그러나 나의 군대생활은 남들이 생각하는 것과는 다른 의미를 갖는다. 나는 내 군대생활을 자랑스럽게 생각하는 편이다. 군대에 있으면서 어렸을 때부터 늘 들었던 허약하다는 소리와 결별할 수 있었기 때문이었다. 군장을 메고 4킬로미터도 못 갔던 내가 불과 6개월 만에 8킬로미터를 뛰듯이 걷는 구보선수가 될 줄은 상상할 수도 없었다.

논산 훈련소에서 시작된 나의 군생활은 한마디로 스트레스의 연속이었다. 당시 내 몸무게는 50킬로그램도 채 안 되었다. 대전 위수지구 사령부에 근무했던 나는 체력이 약했던 탓인지 고참들에게 많이 시달렸다. 한겨울의 새벽에 눈 위에서 한 시간 동안 기는 기합도 받았고, 잘 못하면 맞기도 했다. 한 번은 4킬로미터 정도를 군장을 메고 뛰다 쓰러지기도 했다.

이런 체력으로는 도저히 군생활을 하기 힘들겠다고 생각한 나는 의도적으로 매일 아침 남들보다 먼저 일어나 뛰기도 하고, 남들이 1킬로미터를 뛰면 나는 그보다 조금 더 뛰었다. 이러기를 6개월 정도. 구보선수를 뽑는다는 말에 나는 자신 있게 지원했고, 2백 명 부대원 중에 5명을 선정하는 구보선수에 들게 되었다. 이렇게 된데에는 근무대장 소령이 "이 일병, 너는 할 수 있다."고 늘 격려해 준 것도 큰 힘이 되었다. 어차피 피할 수 없는 승부라면 정면으로 맞서자는 내 생각이 나를 살렸던 것이다. 이후 누구에게도 체력이 약하다는 소리를 들어 본 적이 없었다. 그리고 지금까지도 건강에는 자신이 있다.

군대에서 기억나는 또 다른 추억이 있다. 어처구니없는 일이었지만 내 기지로 오히려 잘 풀린 경우여서 더 기억에 남는다.

입대한 지 1년쯤 지난 어느 날이었다. 갑자기 보안대에서 나를 체포하러 왔다. 죄목은 국가기밀 유출죄였다. 이유인즉, 2급 비밀 문서를 잃어버렸다는 것이었다. 영문도 모르고서 나는 순순히 보안대로 끌려갈 수밖에 없었다. 그러나 사정을 듣고 보니 내 잘못이 아니었다. 그 문서가 없어졌다는 사실도 모르는 내가 왜 이런 고통을 겪어야 하는지 도무지 알 수 없었다.

순간 누군가 나를 모함하려는 것이라는 생각이 들었다. 이럴 때일수록 침착하게 전후 사정을 짚어 가며 따질 필요가 있었다. 우선

이들의 기를 팍 꺾어야 했다. 나는 내 몸을 붙들고 있는 보안대 요원들에게 큰소리로 말했다.

"나를 모함하지 말라. 나는 국가에 충성하러 온 사람이다. 당신들은 직업군인이어서 제대로 월급을 받지만, 나는 월 1천 원을 받으며 군생활을 하고 있다. 내가 뭐가 아쉬워 그 비밀문서를 외부에 유출하겠는가!"

이렇듯 큰소리를 치자 상대편에서도 움찔하는 기색이 보였다. 이들은 아까와는 다르게 누그러진 말투로 내게 이렇게 물었다.

"당신, 왜 이렇게 당당해?"

"당신은 직업군인이지만 나는 자원해서 들어온 군인이다. 누가 더 나라에 충성하는 것인가?"

이 말을 들은 보안대 소령은 순간 내 얼굴을 보더니 이렇게 소리쳤다.

"야, 차 돌려!"

이 소령은 그제서야 나에게 전후 사정에 대해 털어놓기 시작했다. 알고 보니 자신의 군 선배와 사이가 좋지 않자 선배의 기를 꺾기 위해 우리 보안서류를 훔쳤고, 이를 구실로 이 선배를 떨어뜨리기 위한 유치한 음모였다는 것이다. 이렇게 해서 나는 위기의 상황을 모면할 수 있었다.

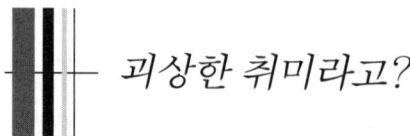

괴상한 취미라고?

이력서는 내 인생이고 삶이고 얼굴이다.
톰 피터스 같은 세계적인 컨설턴트는
6개월에 한 번씩 이력서에 추가할 사항을 집어넣으라고
조언하고 있고, 나도 같은 생각이다.

나는 남의 약력 보기를 즐긴다. 괴상한 취미 같지만 그렇다고 뒷조사를 한다는 의미는 아니다. 그저 신문과 잡지 인터뷰 기사나 인물 동정기사가 실렸을 때 그 사람의 이력을 보는 정도다.

이력을 보면서 나는 한동안 생각에 잠긴다. 어떻게 이 자리까지 왔는지, 나 같으면 이런 경력에 그 자리까지 오를 수 있었을지 비교해 본다. 어떤 때는 깜짝 놀랄 때도 있다. 학벌이나 경력으로는 도저히 성공을 이룰 수 없는데도 당당히 사회가 인정하는 바를 성취한 사람을 볼 때 그렇다. 대표적인 사람이 미래산업 정문술 사장이다.

세칭 지방대학의 종교학과 출신인 정 사장은 사업의 '사' 자도 모르는 중앙정보부 출신이었단다. 15년의 세월을 공무원으로만 지

내다가 해직된 뒤 사업에 뛰어들어 이젠 국내에서 알아주는 반도체 장비 제조업체 사장이 되었으니 대단한 사람이라는 생각이 든다. 그 사람이 쓴 '왜 벌써 절망하십니까' 라는 책을 보니 과연 그런 위치에 오를 사업가라는 믿음이 생겼다. 친인척을 철저히 배제하는 경영, 한 분야에 외곬으로 파고드는 정신, 그리고 무엇보다 항상 벤처사업가임을 자임하는 태도야말로 샐러리맨 정신을 갖춘 오너 경영자라 할 수 있다. 말만 벤처기업가라고 해 놓고서 경영하는 방식은 기존 재벌들과 같다면 21세기 디지털시대를 한참 역행해서 사는 사람이다. 기술력 향상은 내버려둔 채 파이낸싱에만 골몰하는 사람, 코스닥에 등록해 한탕 해먹고 뜰 준비 하는 사람, 인재 뽑을 생각은 하지 않고 그저 친인척들이나 회사에 끌어들이려고 안달이 난 사업가들을 볼 때면 답답하다. 아마 이들의 이력서엔 별볼일 없는 경력들이 나열되어 있을 것이다.

간혹 정 사장 같은 분의 이력서를 볼 때가 있는데, 이럴 땐 재미를 느낀다. 나 같으면 과연 성공할 수 있었을까, 이럴 경우엔 어떤 결정을 내렸을까, 왜 이때 회사를 옮겼어야 했을까, 하며 나름대로 상상의 나래를 펼치다 보면 시간 가는 줄 모른다. 반대로, 내 이력서는 어떻게 평가될까 생각해 보면 그것도 재미있다. 나름대로 최선을 다해 살아왔다고 자평하지만 상대방의 눈에는 어떻게 비춰질지 궁금하다. 이력서는 내 인생이고 삶이고 얼굴이다. 톰 피터스 같은 세계적인 컨설턴트는 6개월에 한 번씩 이력서에 추가할 사항을 집어넣으라고 조언하고 있고, 나도 같은 생각이다. 어떤 사항이라도 좋다. 자신이 지나온 6개월을 평가하고 장단점을 짚어 내면 점점 더 앞으로 나아갈 수 있는 것이다.

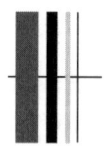 나도 한때는 실업자였다

불과 몇 달의 실업생활이었지만
내겐 고통의 시간이었다.
어려운 시절이었지만 지금 생각해 보면
내 인생에 있어 오히려 약이 되었음을 느낀다.

대학을 졸업하고 3M에 입사한 이래 한 번도 직장을 잃거나 사표를 써 본 적이 없어서 실업자 신세를 모르지만, 사실 나도 3M에 입사하기 전 마음고생을 한 적은 있다. 그때의 고통은 말할 수 없이 커서 지금도 잊지 않고 있다. 남들은 다 졸업식장에서 새로 들어간 회사의 명함을 주고받는데 나는 그렇지 못했기 때문에 직장을 구하지 못한 대학 졸업자들의 마음을 조금은 이해할 수 있다.

졸업을 몇 달 앞둔 지난 81년 말, 나는 10여 군데의 기업에 입사 지원서를 냈고, 그 중 몇 군데에서 연락이 왔다.

나는 최종적으로 동아건설에 입사하기로 결정했다. 당시는 건설 경기 붐이 일기 시작했던 때였고, 해외 건설 현장에서 내 능력을 발휘하고 싶기도 했다. 그러나 무슨 이유인지는 몰라도 입사가 결정된 뒤 석 달이 지나도록 발령이 안 나는 것이었다. 그러다 해를 넘겨 겨우 발령이 난 곳이 고리 원자력 발전소였다. 공과대학이 아닌 인문학과를 나온 나에게 원자력 발전소에서 근무하라고 하니 황당했다.

그래서 며칠 근무하다가 결국 사표를 냈다. 사표를 쓸 것도 없고 해서 그냥 출근을 하지 않았다. 그때부터 나는 꼬박 졸업식 때까지 놀기만 했다. 마냥 놀 수만도 없어 도서관에 나와 책을 보기도 했다. 그런 나를 보는 주위의 시선이 불편했다. 왜 장우는 직장에 나가지 않고 학교에 나와 있느냐는 시선이었다. 장학생으로 졸업한다는 사실이 더 부담이 되었다. 금방이라도 '공부만 잘하면 뭐하나. 취직도 못 하는데.' 라는 비난을 들을 것만 같았다.

당시는 취직 시즌이라는 것이 있어서 해를 넘기면 기업에서 사람을 뽑지 않았다. 중소기업 몇 곳을 빼면 내가 가고 싶은 곳에서는 이미 사람을 더 충원하지 않았다. 그렇다고 취업 재수를 하자니 자존심이 상해서 그렇게는 못 할 것 같았다. 그러다 보니 밤에 잠이 올 리 없었다. 새벽 4시에 학교에 와서 책을 보는 그런 생활이 이어졌다.

그러다 결국 졸업식을 전후해 3M에서 사람을 뽑는다는 소식을 듣고 입사지원서를 내게 되었다. 사실 나는 이 회사가 무엇을 하는 회사인지도 모르고 지원했다. 실업의 고통을 견뎌 내기 위한 고육지책인 셈이었다. 나의 앞길을 열어 줄 곳인지도 모르고 말이다.

불과 몇 달의 실업생활이었지만(졸업을 앞두고 직장을 못 구한 것도 실업생활이라고 할 수 있을지는 몰라도) 내겐 고통의 시간이었다. 어려운 시절이었지만 지금 생각해 보면 내 인생에 있어 오히려 약이 되었음을 느낀다. 힘든 시절엔 친구를 얻는다는 속담도 있듯이, 어려울 때는 상대방을 생각하게 되고 나를 돕는 진정한 친구들도 발견하게 된다.

역시 인생은 어려움을 많이 겪어 본 사람에게서 배울 것이 많은 것 같다. 그래서 나는 힘든 시절이 없었던 사람들에게는 조언을 받고 싶지 않다. 삶이 재미있다는 것을 알지 못하는 사람과는 얘기하고 싶지 않다.

지금 어쩔 수 없는 사정으로 잠시 실업상태에 있는 사람들이라면 이번 기회에 한번 놀아 본다는 생각을 하는 것도 좋으리라. 나를 더 키워 낼 수 있는 영양제가 될 것이니 말이다.

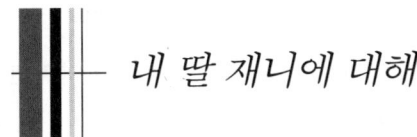

내 딸 재니에 대해

10대는 인생에서 다시 돌아오지 않을 것이다.
여러 가지 색다른 경험과 생각은
많이 할수록 좋다고 본다.

나에겐 딸이 하나 있다. 중학교 3학년의 열여섯 소녀다. 내가 책을 출판한다고 하니 재니가 더 난리이다. 마케팅적 충고부터 출판계획까지 간섭하려 든다. 거기다가 자신의 얘기가 책 내용에서 빠지면 재미없다고 협박성(?) 요구까지 마다하지 않는다.

재니는 글재주가 많다. 학교에서 글짓기 상을 부지런히 타오는 것도 그렇지만, 적성검사에서도 언어감각이 풍부하다는 결과가 나왔다. 한때는 디자이너가 꿈이었지만 현재는 자기 꿈이 방송국 프로듀서(PD)라고 떠들고 다닌다. 그래서 '프로듀서가 되는 길'이라는 책도 사다 준 적이 있다. 프로듀서는 아주 고생스러운 직업이라고 말해 주어도 오히려 그 점이 더 매력적이라고 한다.

공부 얘기만 나오면 나는 재니에게 시험공부보다는 박사가 되는 공부를 하라고 말한다. 점수공부가 아니라 인생과 삶을 아는 그런 공부를 했으면 좋겠다는 뜻이다. 인생은 자신의 힘으로 살아가면서 가꾸어 가는 것이라는 얘기도 해준다.

내가 재니에게 배우는 것도 많다. 최근엔 조성모 콘서트에 함께 가서 많은 것을 배웠다. 무엇보다 큰 소득은 딸에게 내가 조성모를 이해한다는 모습을 보여 주었다는 점이었다. 재니는 "아빠는 내가 좋아하는 조성모를 이해해 주는구나!" 하는 흐뭇한 표정이었다. 우리 부녀 모두 흡족한 시간을 보낼 수 있었다.

내가 딸을 이해하는 모습을 보여 주면 딸도 나를 이해하려고 노력한다. 딸은 학교 때문에 같이 갈 수 없어서 가끔 부부 동반으로만 여행을 가는 경우가 있다. 그렇더라도 딸은 내가 여행을 좋아하고 때로는 자기와 함께 갈 수 없는 경우도 있다는 사실에 대해 불만스러워하지 않는다. 아빠의 삶을 이해해 주기 때문이다. 내가 자신을 이해해 주듯이 말이다.

나는 재니에게 이런 말도 한다. 내 인생을 더 즐기기 위해 재니하나만 두었다고. 아이들 학비 내줄 돈으로 여행도 마음대로 가고, 회사에서도 여유 있게 은퇴할 수도 있고 등등의 이유로 외동딸 하나만 두었노라고.

그렇지만 재니의 인생을 존중해 주고 끝까지 이해해 주겠다고 말한다. 가수 조성모의 스티커, 엽서, 연예인 사진이 들어 있는 카드도 내가 직접 사 준다. 그러면 재니도 나의 인생을, 내 인생의 재미를 인정해 준다.

사실 재니가 좋아하는 연예인은 둘이다. 조성모가 첫째이고 그다음이 임창정이다. 조성모는 재니가 말하기를 미래의 신랑감이라고 하니, 나는 조성모의 미래 장인이 되는 것일까? 조성모가 최근 친밀하게 느껴지는 것은 아마 이런 이유에서일지 모른다. 재니의 이런 꿈이 사실 부럽다.

나는 재니의 집념을 말리고 싶은 생각이 추호도 없다. 10대는 인생에서 다시 돌아오지 않을 것이다. 여러 가지 색다른 경험과 생각은 많이 할수록 좋다고 본다. 내가 좋아하는 사람이 있듯이, 재니도 자기 인생의 한 장에서 좋은 사람이 있다는 사실을 인정해 주는 것이다.

무엇보다 나는 재니가 자기 삶을 사랑하는 사람이 되길 바란다. 의젓하고 주위 친구와 잘 지내면서 리더십 있는 사회인으로 자라기를 원한다. 남녀 차별을 만나게 되더라도 그 정도는 씩씩하게 이겨야 한다고 가르칠 것이다.

학교에서 재니는 자기 이름을 딴 삼행시를 이렇게 적어 내었다고 자랑한다.

- 이 세상 누구보다 성모 오빠를 사랑해!
- 재 니는 오빠를 위해서라면 뭐든지 할 수 있어!
- 니 마음을 내게로 빼앗고 싶어!

더욱이 재니는 최근에 새로운 골뱅이(@)를 하나 더 만들었다. jenny@lovejosungmo.co.kr이라고. 나는 내 딸이 조성모의 열성 팬임을 이해하고 또 아끼고 있다.

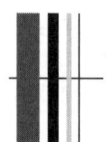 아내를 처음 만난 라이프 빌딩 11층

나는 아내를 재니 엄마로 부르는 것을
싫어한다. 아니, 일부러 피한다.
그냥 진숙으로 부르고 싶다.
아이의 엄마도 좋지만 인간 진숙으로서,
나의 동반자로 살아가기를 원한다.

누가 나에게 다음 세상에 태어나면 현재의 아내와 다시 결혼하겠느냐고 물어 본다면 '예'라고 대답하고 싶다. 난 지금의 아내가 된 이진숙 씨를 83년 겨울 3M의 신입사원에서 막 벗어나던 시절에 만났다. 정말로 첫눈에 이끌렸다. 어디선가 많이 본 듯한 얼굴이었다. 만난 지 며칠 만에 프로포즈를 했다.

누구나 그렇듯이 한 번의 우여곡절은 있었지만, 우리는 84년 11월 3일에 결혼했다. 그때 사진을 보면서 지금도 우리는 같이 웃곤 한다. 그때의 우리 모습이 너무 촌스럽다고 생각되어서이다. 기회가 있으면 다시 한번 사진을 찍어야겠다. 멋있는 턱시도를 갖춰 입고 고운 드레스를 입은 아내와 함께. 아마도 결혼기념 20주년이 되는 때가 좋은 기회일 것 같다.

지금은 여의도 라이프빌딩이 없어졌지만, 80년대 초만 해도 여

의도의 동쪽엔 이것 외에는 큰 건물이 없었다. 내 추억이 서려 있고 아내를 처음 만난 곳이기도 한 라이프빌딩을 재건축 계획 때문에 허물어 버려 조금은 아쉽다는 생각이 든다.

아내와의 신혼생활은 힘든 점이 많았다. 직장 일이 너무 바빴다. 그래서 다른 일에는 신경 쓰기도 어려웠다. 회사일에, 손님 접대에, 매일매일 집에 늦게 들어간 것만 생각난다. 아내가 재니를 가졌을 때 많이 신경 써 주지 못한 게 지금도 후회스럽다. 그래서 지금이라도 더 잘해 주려고 한다. 아마 일종의 보상심리 같은 것이리라.

라이프빌딩 11층에서 만나 결혼하자고 불쑥 프로포즈는 했지만, 나는 돈이 별로 없었다. 전세 얻을 돈도 모아 놓지 못한 상태였다. 여기저기서 돈을 빌렸다. 빚을 지고 시작한 신혼이었다. 우리는 신월동에서 새 살림을 시작했는데, 신월동이라는 이름은 나중에 알고 보니 '새로운 달동네'라는 뜻이란다. 하지만 나는 지금도 그 시절이 그립다. 비록 단칸방 신세였지만 마음만은 편했다. 그렇지만 아내는 많이 힘들었던 모양인지, 지금도 간혹 그 시절에 가졌던 불평을 털어놓곤 한다.

신혼 이후 이사 다니기를 8~9번 만에 겨우 답십리에 작은 아파트 하나를 장만할 수 있었다. 세상에 태어나 처음으로 내 이름으로 된 집을 가지게 된 것인데, 사실 아내와 공동으로 집을 마련한 것이었다. 열심히 저축하고 애써서 마련한 우리 둘의 공간이었다. 너무 값지고 소중했다.

아내는 집 꾸미기를 좋아한다. 인테리어에 소질도 있고 감각도 있다. 미술을 전공한 탓도 있겠지만 본래 재능이 있는 것 같다. 아내가 꾸민 편안하고 아름다운 집안에 앉아 있노라면 절로 행복이 느껴진다.

우리는 함께 살아가는 시간이 길어질수록 더욱 죽이 잘 맞는다. 둘 다 여행을 좋아해서 나는 출장 때 아내를 초청하곤 한다. 나는 이번 일본 출장에도 아내를 동반할 예정이다. 일을 하는 또 다른 면의 나를 아내에게 보여 주고 싶은 것이다.

나는 아내를 재니 엄마로 부르는 것을 싫어한다. 아니, 일부러 피한다. 그냥 진숙으로 부르고 싶다. 아이의 엄마도 좋지만 인간 진숙으로서, 나의 동반자로 살아가기를 원한다.

우리에게는 꿈이 있다. 은퇴하면 제2의 인생을 살기로 마음먹었다. 진숙과 나에게 제2의 인생이란 바로 '여행' 이다. 전세계 구석구석을 다녀 보고 싶다. 가 보고 싶은 곳도 많다. 그리고 한 곳에 오래 머물러 보고도 싶다. 아내와 더불어 할 일이 아주 많다. 내 스케줄러인 PDA에는 이러한 것들이 이미 기록되어 있다. 2012년 1월 4일, 그녀와의 여행 출발!

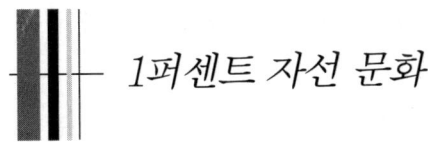

1퍼센트 자선 문화

우리 사회의 시스템을 근본적으로 고쳐야 한다.
자기 수입의 1% 정도를 사회단체나
불우한 이웃에게 기부하는 문화가 필요하다.
공정하게 우리 모두가 참여할 수 있는
장이 마련되어야 한다.

자본주의는 돈만 열심히 챙기고 자기 몫만 노리는 배금사상과는 다르게 실천되어야 한다. 자본주의는 나의 이익만을 위해 소유하고 사용하는 것에 있지 않다. 오히려 소유보다는 권리에 초점을 두고 명예를 인정받는 데 있다.

자유경쟁을 원리로 하는 시장주의에서 승자와 패자의 차이는 확연하다. 그 결과도 뚜렷하다. 승자가 당연히 더 많이 갖거나 다 갖는다. 허나 그것은 사용 권한일 뿐 결코 소유를 위한 소유가 아니다. 소유에만 집착하는 것은 자본주의 정신에 위배될지 모른다.

한국의 전통은 토지상속이었다. 땅에 대한 집착과 집념은 소유를 잉태했다. 하지만 이제 여기에서 벗어나야 한다. 사회주의는 결과를 평등하게 배분하려 했지만 실패했다. 출발의 평등이 부족했다. 자본주의는 분명 출발과 시작만은 공정할지 모른다. 하지만 지나친 부의 상속과 권력세습은 자본주의의 공정한 룰과 그 균형을 깨고 있다.

우리는 언론을 통해서 많은 기부자의 명단을 보아 왔다. 그들은 힘들게 벌어서 모두 다 자선단체에 기증해 버린다. 어쩌면 한풀이 적인 성격도 가미되어 있을지 모른다. 그러나 이것으로는 부족하다. 우리 사회의 시스템을 근본적으로 고쳐야 한다. 자기 수입의 1% 정도를 사회단체나 불우한 이웃에게 기부하는 문화가 필요하다. 공정하게 우리 모두가 참여할 수 있는 장이 마련되어야 한다.

우리는 단체에서 주는 감투에 으레 돈을 내놓는 '맞바꾸기 풍조'에서 탈피해야 한다. 진정으로 나누어 갖는 의식이 필요하다. 우리 사회의 모든 구성원들이 다 참여하는 정신이 필요하다. 얼마 전에 조선일보에서 1% 기부 문화 캠페인을 시작하다가 지금은 흐지부지된 듯하다. 이 운동이야말로 지속적으로 추진되어야 한다고 본다.

우리 사회의 발목을 잡고 있는 소집단주의에서 벗어나야 한다. 사회 전체가 공감하고 움직일 수 있는 새로운 정신적 흐름과 공감대가 필요하다. 우리의 잘못된 룸살롱 문화도 개선되어야 한다. 팁으로 주는 십만 원 정도의 돈이면 얼마나 많은 사람들에게 생명을 이을 양식이 될 수 있는지 알아야 한다. 사랑의 전화나 유니세프 등의 활동보고서를 보면 더욱 쉽게 알 수 있다. 이런 단체를 통하면 애써서 직접 전달하지 않아도 되므로 편리해서 좋다. 이것이 간접문화의 시작이고, 새로운 세상의 시작이다. 모두가 참여하는 새로운 세상은 우리 모두에게 축복을 줄 것으로 믿는다.

저자 소개

　　이장우(1956년생)는 이메이션코리아의 대표이사로, 말단 세일즈맨에서 시작해 최고경영자에 오른 입지전적인 인물이다. 세일즈와 마케팅 분야에서 20여 년간 쌓아 온 경험을 바탕으로 「당신도 경영자가 될 수 있다」, 「미래경영 미래CEO」, 「마케팅 잘하는 사람 잘하는 회사」 등 3권의 베스트셀러를 기록하고 있다.
　　「당신도 경영자가 될 수 있다」는 중국어판으로 번역되어 중국 출간을 앞두고 있다.

● 수상 경력

경영인대상 우수상(전경련, 2003)
글로벌 소비자 선호 대상(디스켓 부문, 1999)
글로벌 마케팅 대회 최우수상(1994)
영어 어휘력 경시 대회 최우수상(외국어대 주최, 1981)
영어 경시 대회 번역 부분 우수상(문교부 주최, 1981)

● 저서 및 칼럼

- 저서 「마케팅 잘하는 사람 잘하는 회사」
　　　 「미래경영 미래CEO」
　　　 「한국형 마케팅(공저)」

- 논문 「전문 경영인 제도 활용을 통한 기업 회생 연구 방안」
　　　 「인터넷 쇼핑몰의 점포 애호도 결정 요인에 관한 연구」

- 칼럼 「한국경제(한경에세이)」
　　　 「매일경제(매경춘추)」
　　　 「전자신문(IT잔상)」

전화: (02)6322-2201
이메일: jwlee@imation.com
홈페이지: www.c-e-o.co.kr